老子旨歸

言文對照《道德經》新編

劉執中 編撰

作 者 玉 照

劉執中

民國十五年（一九二六年）生

湖南湘陰人

國立台灣師範大學國文系文學士

現職：退休教師

曾任：湖南安鄉前私立正遠小學　創辦人，教師、主任

湖南湘陰前養俊小學、小梅二校　教師、主任

廣西桂林前國立成達師範附小　教師、校長

台北市立國、高中　教師、組長、主任

文復會台北縣中和支會　國學研習班講座

著作：老子旨歸—言文對照《道德經》新編　《論語》類編

孟子思想體系—《孟子》精義選粹　敝帚集

目次

老子旨歸　代序

老子《道德經》是一部奇書，它雖然只有寥寥五千字；但對中國文化所產生的影響，卻不是五千部書所能闡述得清楚的。據統計，過去國人替它注解，闡述的書，留存到現在可稽考的已有六百餘種。平均每七個字，便有人替他寫一本書。到了近代，譯文遍及各種重要的文字；每一文字譯本，還不止一種。即以英文為例，到現在止，便有四十四種譯本之多。（另日人著述一百九十二種）人們對於他的重視，可想而知了。

這本書在戰國時代，已是很流行了。像莊子這樣的天才，尚且隨時隨地引用它充滿了智慧的句子；還有法家韓非子的書中，竟有「解老」、「喻老」兩篇文章為它詮釋。足見推崇之一斑。其他如荀子之批評、遊士之徵引，真是不一而足。到了漢代，由於政府採行黃老政治，這本書乃成了為學施政所共遵的寶典。而那偉大的批評家司馬談，更是把它推崇備至。東漢末年，中國本土產生了一種道教，居然把《道德經》看作《聖經》。接著魏晉的名士們，更是人手一冊，把它看作清談的資料。到了唐朝，由於皇室姓李的緣故，竟然認《道德經》的作者為祖先！一方面設立研習道家的博士、助教等，並別立道家為一科以舉士；一方面又在天下遍設道觀，誦《道德經》及《莊子》《《列子》》等書。這時幾乎每戶人家，必備《道德經》一本。由於歷代學者和君主的倡導，《道德經》的流行，幾乎比《論語》還要廣泛呢！

《道德經》不僅在國內盛行，而且暢銷於國外。它被譯成各國文字，據良師叢書（Mentor Book）的編者說：除了基督教的《聖經》外，譯得最普遍的，就要推《道德經》了。尤其兩次世界大戰以來，世人受盡了炮火的荼毒，窮極知返，才覺悟到徒賴物質並不能給人類帶來真正的幸福；他們把目光轉向東方文化，於是代表東方智慧的《道德經》，更引起他們的注意和推崇。因此蒲克明（R・B・Blakney當代美國的學者，譯有老子），在《道德經》的譯本序中說：

當人類隔閡泯除，四海成為一家時，《道德經》將是家傳戶誦的一本書了。

總之《道德經》的風行，絕不是偶然的。大英百科全書一九五九年版說：中國人的生活、文化，沒有一方面能擺脫《道德經》的影響。這固然是一個西方學者對於中國人的瞭解，但他確是指出了其真象。《道德經》所以這樣重要，乃是因為它代表了中國人的經驗、中國人的智慧，不能只拿它當作一本「書」來看。……（中略）

老子……思想，不僅影響了中國的文化、政治、宗教，並且影響了生活習俗。……例如淡泊自守，忍讓不爭的美德；通權達變，輕鬆簡易的智慧，在在都來自老子的影響。……不論是詩歌、文藝、音樂、繪畫，以及器用建築等等。……無法論到止處。

《道德經》，這樣一本薄薄的小書，何以竟會發生如此鉅大的影響呢？須知書籍的價值，不在篇幅而在其內容。一般書籍的內容類多知識的介紹與事實的報導，而《道德經》則是思想的啟迪、和原則的指導。因此它不僅使我們有思想、有頭腦；並可把這原則活用到各個角落裡，因而發生各種不同的影響。然則《道德經》又何以能啟迪思想，指導原則？那就由於它是累代經驗的無上心傳，人類智慧的高度流露！

摘錄《中國哲學史話》〈老子〉　張起鈞、吳　怡　著

老子旨歸　凡例

一、老子《道德經》，文句簡約，意遠思深，很難把握要旨。但其章次凌亂，文意不相連貫。加以辭句錯雜（錯簡、訛字、衍字）益增理解難度。為求體系明晰，理致井然，乃就其本文，尋繹其脈絡，予以歸納，編撰本書：《老子旨歸》。

二、本書不囿於八十一章之限制，區分為「導論」、「本論」、「結論」三大部分。其中「本論」則為全書之重點。計分「形上篇」之「宇宙論」。「形下篇」之「人生論」、「政治論」、「戰爭論」。

三、本書老子原文文句，均據《華亭張氏本老子王註》。以句列式標舉之，原文、句或段落末，則注明原章次。每一段落前則簡明標示其「要義」。

四、「語譯」部分，採逐句為之。文言、白話對照，更便於一般讀者的閱讀與了解。至於「語譯」部分，係參照多家白話翻譯，（如陳鼓應《老子今注今譯》、鄧潭洲《白話老子》等。）擇取其符合「意、達、雅」原則者而為之。必要時在譯文中以（　）符號夾注，使其意義更為明確。

五、「簡釋」部份，亦有異於一般經典出版品之先注釋再語譯，而列於「語譯」之後，並以

「◎」符號顯示。大要為：字或詞之音義、訛字、衍文、錯簡之說明。

六、原文中可刪、當刪之字、詞、句，則以【　】號標明。字句有所增益的，則以（　）顯示之。

七、在詮釋方面，具有特殊意涵，深值參考者，特用「※」號予以列出，供讀者參考，遇有解釋分歧者，則擇其善者而從之。

八、附錄《史記：老子列傳》、嚴靈峰：《老聃新傳》，俾讀者對「老子其人」有概括的瞭解。

九、本書引用資料，典籍繁多。舉其要者列「書目」於後。至編撰期間，雖參稽眾說，斟酌損益，並多次修改，畢竟由於學識譾陋，心力有限，錯誤疏漏，當屬所在多有，尚望博雅君子，不吝指正，是所盼禱！

老子旨歸　言文對照《道德經》新編

湘陰　劉執中　編撰

導論　則我者貴

言有宗，事有君。

言論要有所本、所宗；行事要以所本、所宗為主宰。

◎宗，邢昺曰：「宗者，本也。」君，「主宰也。」《淮南子》說林訓：「無其君形者也。」注：「君，官主也。」此「君」字，自是「心君」。

◎陳鼓應說：宗、君，皆指「道」而言。（當為：「所宗、所君者，即是「道」。」

◎文句原在「莫能行」句下，據陳柱校改移。作為本編導論的「開宗明義」。

◎本《老子旨歸》原老子文句，均據《老子章句》魏王弼註（華亭張氏本）為準。並於每一文句或段落末註明原章次，以供稽攷。

吾言甚易知，甚易行。

我的話很容易了解，也很容易實行。

天下莫能知，莫能行。

但天下的人沒有誰能明白，沒有誰能實行。

夫唯無知，是以不我知。

就因為不了解我所說的，所以也就不了解我。

知我者希，則我者貴。

了解我的人稀少，取法我的就可貴了。

◎ 希，同「稀」，少也。

◎ 則，法則。取法。

是以聖人被褐懷玉，（第七十章）

所以有道（能順應自然）的人，外表是穿著粗布衣服，內心卻懷藏著珍貴的珠玉。（表示含光、守柔，不求人知，但求合於「道）」

◎ 被、同「披」，穿著。

不欲琭琭如玉，落落如石。（第三十九章）

不要像玉那樣華美顯於外而懷藏之（含其光也），不要像石那樣眾多而堅硬（強）。（守柔、守沖也。）

◎「琭琭」，玉美貌。「落落」原文作「珞珞」。河上公本，傅奕本作「落落」。眾多貌。畢沅云：古無「珞」字，作「落」為是。據改。

形上篇　宇宙論（本體論）

一、「道」之體

(1)「道」先天地生

有物混成，先天地生。

有一個混然而不可分的物體，在天地形成之前，就已生成了。

寂兮，寥兮！

它寂靜地，虛無地！（聽不到它的聲音，看不到它的形體。）

獨立不改，周行而不殆。（第二十五章）

屹然獨立在宇宙之間，永不改變，始終循環運轉而不息止。

淵兮！似萬物之宗。

它淵深、寧靜地！好像是萬物的宗主；

湛兮！似或存。（第四章）

它深湛、澄靜地！永遠存在著。

◎ 湛，《說文》水部曰：湛，沒也。《玉篇》：澄也，安也。

◎ 原文「湛兮」句上，有「挫其銳……」十二字，係五十六章（本編第四十九頁）文句重出。據馬敘倫、陳柱說，刪。

◎ 「似」、「或」二否定詞連用，語意是肯定的。

可以為天下母。（第二十五章）

可以說是天下萬物的根源。

吾不知誰之子，象帝之先。（第四章）

我不知道它是怎樣產生的（誰的兒子），很像是有天帝以前就有了它的存在。

◎ 象，同，「像」

(2) **「夷」 「希」 「微」**

視之不見，名曰：「夷」；

看它看不見，命名叫「夷」（沒有色采）；

聽之不聞，名曰：「希」；

聽它聽不到，命名叫「希」（沒有聲音）；

搏之不得，名曰：「微」；

摸它摸不著，命名叫「微」（沒有形體）。

此三者，不可致詰，故混而為一。（第十四章）

這三種情狀，無法追問它們究竟是什麼？只是混沌地成為一個物體而已。

吾不知其名，（強）字之曰「道」。（第二十五章）

我不知道它的名字，勉強為它取個名字叫做「道」。（是形而上的，實存的。）

◎ 強，音ㄑㄧㄤˇ。原文脫，據易順鼎，蔣錫昌、嚴靈峰諸說，補。

※ 關於老子的「道」，唐君毅在《中國哲學原論》中，細分為六義：虛理之道，形上道體，道相之道，同德之道，修德之道，為事物及心境人格狀態之道。至為詳盡清晰，深值參考。

◎ 第二十五章文句，是老子「道」的本體論。古今學者，多主張：「當列為全書之首」。茲編並摘擷第四、第十四章，部份文句，併為本節內容。

(3)「精」「真」「信」

「道」之為物，唯恍唯惚。（第二十一章）

「道」這個東西，（不可見，不可聞，不可搏。）是恍恍惚惚的。

其上不皦，其下不昧。

往上看，它不光亮。往下看，它也不昏昧。

◎ 皦，音ㄐㄧㄠˋ。《說文》白部：玉石之白也。《玉篇》：白也，皎也，明也。

迎之不見其首，隨之不見其後。

正面的迎向它，看不到它的面目。從它背後跟隨著，又見不著它的背影。

繩繩不可名，復歸於無物。

無涯無際地很難以形容它。（因為你想形容它時）它又回復到沒有物象的情狀了。

◎ 繩繩，河上公注：動行無窮極也。名，稱名，「形容」的意思。

是謂無狀之狀，無象之象。

這就叫做：沒有形狀的形狀，沒有物象的物象。

◎ 無象，原文作「無物」，據陸德明音義。蘇轍、林希逸、吳澄等各本，改正。

是謂惚恍。（第十四章）

這就叫做惚恍（模模糊糊的）。

◎ 「迎之……其後」句，原在本句下。茲改移之。

惚兮恍兮？其中有象；

說它惚惚恍恍的嗎，它裡面卻又有形象；

恍兮惚兮？其中有物。

說它恍恍惚惚的嗎？它裡面卻有實物；

窈兮冥兮？其中有「精」；

它是那麼深遠而不明晰！其中卻又有產生宇宙的生命力──「精」！

◎ 精，《管子》內業篇：「精，氣之極也。精也者，氣之精也。凡人之生也，天出其精。」與本句「精」含義相同。茲譯之為「產生宇宙的生命力」。

其「精」甚「真」，其中有「信」。（第二十一章）

那種「生命力」，是非常「真」的。又是可「信」的。

「道」隱、無名。

「道」是隱匿的（虛理的，形上的），是無可名狀的。

夫唯「道」，善貸且成。（第四十一章）

只有「道」，最會施予。使得宇宙一切都能化育成長。

◎ 貸，《說文》：施也。《廣雅》釋詁：予也。

(4) 無——始、有——母

「道」、可道，非「常道」；

形上的，而又實存的「道」，（如果）是可以說解的，就不是永久不變的「常道」。

「名」、可名，非「常名」。

稱「道」的「名」，（如果）是可以形容、指稱，叫得出來的「名」（稱謂），就不是永久不變的「常名」。

「無」，名天地之「始」；

「無」這個名詞，是指稱天地的「始」（本始）。

「有」，名萬物之「母」。

「有」這個名詞，是指稱萬物的「母」（根源）。

故常「無」，欲以觀其妙；

所以要常以「無」的觀照，去觀照「道」的奧妙。

常「有」，欲以觀其徼。

要常以「有」的觀點，去觀察「道」的究竟。

※以上四句，以「無」、「有」為讀，始自王安石。司馬光、蘇轍皆同。

◎徼，音音ㄐㄧㄠˋ。《玉篇》：邊徼也。引申有「廣大無際」的意思。

此兩者，同出而異名，

這「始」和「母」，是出於同一的源頭——「道」，卻有「無」、「有」這兩個不同的名稱。

同謂之「玄」。

都可以說它們叫做幽微深遠而不可測的「玄」。

玄之又玄，眾妙之門。（第一章）

幽微、深遠到不可測的極點，那就是宇宙間所有奧妙神奇之所以產生的樞紐。

※ 這裡所說的「道」、「名」、「始」、「母」，「有」、「無」，「玄」，都是老子所用的「專有名詞」。

自今及古，其「名」不去，以閱眾甫。

從今上溯至古代，它那不變的「名」，是永遠存在，不會泯滅的。因而它能產生萬物，包容萬物。

◎ 「自今及古」原作「自古及今」。據《帛書老子》篆、隸本，改。

◎ 閱，出也，容也。眾甫，萬有也。指天地萬物。

吾何以知眾甫之然哉？以此。（第二十一章）

我怎麼知道萬物之所以如此呢？就是從「道」當中體認到的。

◎ 然，原文作「狀」，據傅奕本及眾本，改。。

二、「道」之用

(1)「道」生

「道」生一，一生二，二生三，三生萬物。（第四十二章）

先天地而生的「道」，始生是「混而為一」的。「一」衍生為「二」（陰、陽二氣）。「二」相交產生「三」（新生物。合「陰、陽」而為「三」），「三」化生萬物。

天下萬物生於有，有生於無。（第四十章）

天下的萬物，都是從「有」中衍生而來的。「有」卻是從「無」之中產生的。

萬物負陰而抱陽，沖氣以為和。（第四十二章）

萬物都包含著陰氣和陽氣，兩氣互相激盪，便互相和合而成和氣。

天地之間，其猶橐籥乎？

天和地之間，不正像一具風箱嗎？

虛而不屈，動而愈出。（第五章）

雖然是空虛的，但不會窮竭，愈鼓動它，風力愈加滋盛。

◎ 屈，窮竭。

（出於）無有，入（於）無間，（第四十三章）

沒有形象的力量，（即指「沖氣以為和」的和氣。）能穿透到沒有空隙的東西裡面去（擴展，而使萬物生生不息）。

◎ 無有，指看不見形象而實存的東西。無間，「間」音ㄐㄧㄢˋ。空隙。

◎ 《淮南子》作「出於無有，入於無間」。據增。嚴靈峰說當移續「動而愈出」句下。

強為之名，曰「大」。（第二十五章）

勉強給它取個名字叫做「大」。

(2) 「道」大

大「道」氾兮！其可左右。（第三十四章）

大「道」廣泛地周轉流行！可以左，也可以右（無所不到的）。

萬物作焉而不為始；（第二章）

萬物興起了，它卻不自以為是開端者。

◎不為始，原文作：「不辭」。據傅奕本，次解本及易順鼎說，改正。

萬物恃之以生而不辭；

萬物依賴它生長，卻不說話。

◎恃，或作「得」。以，原作「而」，據傅奕本，改。

功成而不有；

有所成就卻不自以為有功。

◎原文作：「功成不名有」。據易順鼎說，改。

衣養萬物而不為主，【常無欲】可名於「小」；

保護養育萬物，卻不自以為是主宰，可以稱它為「小」。

◎衣，音ㄧˋ，覆蓋的意思。

◎「可名於小」句上，有「常無欲」三字，是衍文。據顧歡本，可刪。

萬物歸焉而不為主，可名為「大」。

萬物都歸附它，卻不自以為是主宰，可以稱它為「大」。

以其終不自為「大」，故能成其「大」！（第三十四章）

由於它始終不自為「大」，所以才能成就它的「大」（高大、廣大、偉大）！

天下皆謂我：「『道』大，似不肖。」

大家都對我說：「『道』大，好像很不像似的！」

夫唯大，故似不肖。

（我說：）正因為它的「大」（沒有具體的東西可以比擬。）所以不像很「大」。

若肖，久矣，其細也夫！（第六十七章）

如果它具體地顯現出是廣大的（一目了然的話），恐怕早就變成（不值一顧的）小道了！

◎「天下皆謂……細也夫。」文句，原在第六十三章「我有三寶」句上（本編第一四四頁）。據嚴靈峰說，續「故能成其大」句下。

(3)「道」反（返、還）

大曰逝，逝曰遠，遠曰反。（第二十五章）

至大無外，就無所不往。無所不往，就無遠弗屆。無遠弗屆，就反本復初了。

◎ 逝，《說文》：往也。反，還也。《韻會》：返，通作反。

※ 此處的「反」字，為多義字。有「相反」與「反本復初」兩個觀念。在老子哲學中，二者都被蘊含，也是最為重要的一點，不可偏執一義。

反者「道」之動；

相反（才相成）返還（才歸本復初）是「道」的運動。

弱者「道」之用。（第四十章）

柔弱（勝剛強）是「道」的作用。

萬物並作，吾以觀其復。

萬物共同各自生長，我因而觀察它往復循環的道理。

夫物芸芸，各復歸其根。

萬物紛紛芸芸，都各自返回到它的本根（原來真面目）。

歸根曰「靜」，是謂「復命」。

返回本根叫做「靜」（靜止），也叫做「復命」（復歸本性）。

「復命」曰「常」，知「常」曰「明」。

「復命」叫做「常」（常態即常道），知道「常」的道理就叫做「明」

◎　第五十五章「知常曰明」句，本編第八十三頁刪併此句。

不知「常」，妄作凶。

不知道「常」的道理而輕舉妄動，，就會遭到凶險。

知「常」容，容乃公，公乃全，全乃天，天乃「道」，「道」乃久，【沒身不殆。】

（第十六章）

知道「常道」的人，是無所不包的。無所不包就能坦然大公，坦然大公就能周全圓徧，能周全圓徧，就符合自然。符合自然就是「道」（順任自然），能符合「道」，就能長遠永久。

◎　原文末尾有「沒身不殆」句，與五十二章（本編第三十六頁）重出，此當刪。

◎　公乃全、全乃天，原文作「公乃王，王乃天」。據王弼注謂「無所不周普」義，及馬敍倫，勞健說，改。

◎　「萬物並作」至「道乃久」，嚴靈峰疑當續「復守其母」句下。今不從，續此。以明「反」有

「返」義。

故「道」大、天大、地大、人亦大。

所以「道」是大的，天是大的，地是大的，人也是大的。

◎ 人亦大，原文作：「王亦大」。據傅奕本、范應元本及奚侗、吳承志等說，改。

【域中有四大，而人居其一焉。】

宇宙之間有四「大」，人就是其中之一。

◎ 此句疑係古注羼入，可刪。

人法地，地法天，天法「道」，「道」法自然。（第二十五章）

人效法無私載的地，地效法無私覆的天，天效法無為而無不為的「道」，「道」純任自然。

(4)「道」紀

天下有「始」，以為天下「母」。

宇宙的形成，有它的原始，可以把它作為宇宙的本源。

既得其母，以知其子。

既然得知了宇宙的本源（母），就可以知道它所衍生的萬物（子）。

既知其子，復守其母，沒身不殆。（第五十二章）

既然知道它所衍生的萬物（子），又能執持保守它的本源（母），一輩子都不會有危險。

谷神不死，是謂「玄牝」。

空虛的神妙作用，（「谷神」），是永存而不會死去的。這叫做玄妙的母性（「玄牝」）（不可思議的生殖力）。（陳鼓應）

◎ 玄，深遠不可測的意思。

◎ 牝，母性。即是生殖。

玄牝之門，是謂天地根。

這化育萬物不可思議的生殖之門，就是天地的根源。

緜緜若存，用之不勤。（第六章）

它連緜不斷地永遠存在著，作用是無窮無盡的。

◎ 勤，不勞倦，不窮盡。

執古之「道」，以御今之有。

把持著這亘古已存的「道」，來控制駕馭現今所有的一切事物。

能知古始，是謂「道紀」。（第十四章）

能知道宇宙的原始（本源）這叫「道」的綱紀（規律）。

三、「道」即自然

孔德之容，唯「道」是從。（第二十一章）

大德的運作，是遵循著「道」進行的。

◎孔，甚也，大也。

◎德，是「道」落實在人生層面所顯現的行為。也就是「行而有得於己之謂德」的意思。

◎容，容止，動靜的意思。

「道」生之，「德」畜之，物形之，勢成之。

「道」始生萬物，「德」畜養萬物，萬物以各種形態顯現出來，自然的形勢（生態）就造成了。

是以萬物莫不尊「道」而貴「德」。

因此，宇宙萬物，沒有不尊崇「道」而又珍貴「德」的。

「道」之尊，「德」之貴，夫莫之為而常自然。

「道」和「德」之所以被尊、貴，就在於它不發號施令，總是任由萬物順應自然。

◎ 夫莫之為之「為」字，或作「命」、「爵」，據王一清，陸佃說：「據《莊子》文改正」。

故「道」生之，「德」畜之；

所以，「道」生成萬物；「德」畜養萬物。

◎ 第十章：「生之畜之……是謂玄德。馬敘倫認為是「錯簡」。據刪、併於「本節」。」

長之、育之；亭之、毒之；養之、覆之。（第五十一章）

成長它們，作育它們；安定他們，厚待它們；保養它們，調護它們。

◎ 亭，《說文》：民所安定也。毒，《說文》：厚也。

◎ 亭之毒之，河上公本及其他多本作：「成之、熟之」。高亨說：「亭」和「成」，「毒」和「熟」音同通用。

生而不有；

生成萬物卻不據為己有；

為而不恃；（第二・五十一章）

作育萬物卻不自恃己能；

長而不宰；（第五十一章）

長養萬物卻不作它們的主宰，

功成而弗居。

大功告成了，卻不自居功勞。

夫唯不居，是以不去。（第二章）

正由於它不自居有功，所以它的成就，就不會泯滅而永遠存在了。

是謂：「玄德」。（第五十一・六十五章）

這就叫做：（最精微、最深遠、最高上的）「玄德」。

「玄德」深矣！遠矣！與物反矣！

至精至上的「德」，好深奧好悠遠啊！它使萬事萬物相反（相成，復歸本始）的運作著。

然後乃至大順。（第六十五章）

然後就達到了順任「自然」的境地。

◎大順，河上公注：順天理也。陳希逸說：大順即自然也。

※陳鼓應《老莊新論》：道的真正含義，……第一、四、二十一、二十五、三十二、三十四、四十二、五十一等章所說的道，是指形而上的實存之「道」。其餘各章如「道紀」，形上色彩固然濃厚，但他最關心的仍是人生和政治的問題。

形下篇　（上）　人生論

一、知　言　行

(1) 知病不病

知不知，上：不知知，病。【夫唯病病，是以不病。】

知道自己不知道的，是真知，最好；不知道卻自以為知道，是弊病。

◎ 文句亦可讀作：「知，不知，上；不知，知，病。」可譯作：「知道，卻大智若愚地如同不知道，那是最好的；根本不知道，而自炫知道，就是弊病。」

聖人不病，以其病病。

有道（能順任自然）的人，沒有這個弊病。是因為他把這個弊病當作弊病。

◎ 病病，上「病」字是動詞，下「病」字是名詞。下同。

夫唯病病，是以不病。（第七十一章）

正因為他把弊病當作弊病，所以才沒有弊病。

◎ 原文「不知知病」句下作：「夫唯病病，是以不病。聖人不病，以其病病；是以不病。」「夫唯」一詞，上無所承。「是以病病」句重複，文義不暢。據《太平御覽》疾病部引文，及蔣錫昌說，改正。

知人者智，自知者明；

能認識別人，是有智慧。能了解自己，才算高明。

勝人者有力，自勝者強；

能比別人強，是有勢力。能克服自己，才是強毅。

知足者富，強行者有志。（第三十三章）

真「知」足夠了，才是豐富。努力不懈的去做，才算是有志節。

◎ 知足：知、名詞，指「不病」的「真知」。與四十六章（本編第八十一頁）：「禍莫大於不知足」的「知」（作動詞用，「知道」的意思。）「足」，（指貪欲的滿足欲），用法不同，意義不同。

◎ 強，強毅，是果決的意思。

◎ 強行，強、音ㄑㄧㄤˇ，勉強。努力不懈的意思。嚴靈峰、陳景元據四十一章（本編第四十六頁）：「上士聞道，勤而行之」義，謂「強行」者，「勤而行之」也。

※按：「知足者富，強行者有志。」即第四十八章（本編第八十七頁）：「為學日益，為道日損」的意思。因為「知」與「行」，必須：知其所當知，行其所當行。「當知」的，必須「日益」，能「日益」，才「富」。「不當行」的，必須「日損」，能「日損」，才是堅毅者，也才配稱為「有志節」的人。

◎嚴靈峰謂：「知人者智……死而不亡者壽」，疑應在七十一章：「是以不病」句下。茲除「不失其所者久，死而不亡者壽」句，屬之第七章：「故能長生」句下外（本編第七十九頁），餘均據以續此。

(2) 守中貴言

美言可以示尊，（美）行可以加人。（第六十二章）

美好的言詞，可以取得他人的尊敬，美好的行為，可以使自己的人格高人一等。

◎美行，原文及各本皆脫「美」字。據《淮南子》道應訓、人間訓引用、「老子（君）曰：」文句及俞樾說，補正。

夫輕諾必寡信。（第六十三章）

輕易地允諾，一定欠缺信用。

◎ 據嚴靈峰說移此「美行可以加人」句下，「信言不美」句上。

信言不美，美言不信。（第八十一章）

真實可信的話不華美，華美的言詞不會真實可靠。

信不足焉，有不信焉。（第十七章）

本身言行信用不够，別人就不會信任你。

多言數窮，不如守中。（第五章）

喜歡多說話，往往會很快遭到困窘，倒不如保持謙退沖虛。

◎ 數，馬敍倫說：「數」借為「速」。崔撰本正作「速」。

※ 守中，河上公注：「道沖」，「沖」、「中也」。嚴靈峰謂：守中，乃儒家之言，非老氏本旨。疑「中」為「沖」之闕壞，校者不察，遂作「中」。譯文據之。

悠兮！其貴言。（第十七章）

悠然地少說話罷！

(3) 希言、自然

智者不言，言者不智；（第五十六章）

真正有智慧的人，保持「緘默」。愛多話的人不是智者。

※ 兩「智」字，原文均作「知」。據陸德明音義：「知」者或並音「智」。此二知字，疑並當作「智」。又白居易〈讀老子詩〉：「言者不智智者默，此語吾聞諸老君。若謂老君是智者，如何自著五千言。」及嚴靈峰說，改。

善者不辯，辯者不善；

行為善良的人不巧辯，巧辯的人不善良；

知者不博，博者不知。（第八十一章）

真正了解的人（專通於一）不廣博，博雜的人（不夠深入）不是真正了解。

希言、自然！（第二十三章）

不說話，就合於自然了。

◎ 希，嚴靈峰謂：第十四章（本編第二十三頁）：「聽之不聞名曰希。」第四十一章（本編第五十三頁。）：「大音希聲。」兩「希」字，都是「無」的意思。此當訓「希」為「無」。譯文從之。

(4) 勤而行之

上士聞「道」，勤而行之。

上等資質的人，聽到「順任自然」的「道」，就努力不懈地去實行。

中士聞「道」，若存若亡。

中等資質的人，聽到「順任自然」的「道」，覺得好像有，又好像沒有。

◎ 亡，同「無」。

下士聞「道」，大笑之。

（最冥頑不靈）的下士，聽到「順任自然」的「道」，（滿不以為然）卻哈哈大笑。

不笑，不足以為「道」！（第四十一章）

（其實，）他們不笑，那才根本不算是「道」呢！

二、善為道者

古之善為「道」者，

古時善於行「道」（順任自然）的人，

◎ 道，原文作「士」。據高亨、馬敘倫說及傅奕本，改。

微妙玄通，深不可識。

細微、精妙、玄深、通達，深刻得使人無法認識。

夫唯不可識，故強為之容：

正因為無法認識，所以勉強來形容他：

豫兮！若冬涉川；

小心謹慎地好像冬天徒步渡過河川；

猶兮！若畏四隣；

機警戒惕地好像怕驚動四周鄰居；

儼兮！其若客；

拘謹嚴肅地好像身為賓客；

◎ 客，原文作「容」。據河上公本，傅奕本及畢沅說，改。

渙兮！若冰之將釋；

渙發融和地好像冰在解凍；

敦兮！其若樸；

敦厚樸質地好像未經加工的素才；

曠兮！其若谷；

空曠寬廣地好像深山的谿谷；

混兮！其若濁；（第十五章）

渾厚混沌地好像混濁的樣子；

澹兮！其若海；

沉靜恬淡地好像深湛的大海；

飂兮！若無止。（第二十章）

飄逸無繫地好像沒有止境。

孰能濁以靜之徐清？

誰能在混濁動盪中，靜定下來慢慢地澄清？

孰能安以【久，】動之徐生？（第十五章）

誰能在安定寧靜中，鼓動起來慢慢地萌生？

◎「安以」下原文有「久」字，據吳澄本，景龍碑《永樂大典》及王弼注文，嚴可均、蔣錫昌等說，宜刪。

挫其銳，解其紛，和其光，同其塵，（第四．五十六章）

剷削掉顯露的鋒芒；解除掉糾纏的紛擾；柔和著耀眼的光輝；混同自己在塵俗中；

◎紛，第五十六章作「分」。第四章及各本多作「紛」，據第四章，改。

是謂「玄同」。（第五十六章）

這叫做「玄妙齊同」的境界。（即順任自然之「道」的境界。）

三、正言若反

正言若反。（第七十八章）

正確的話，聽來卻像反面的話。

◎ 嚴靈峰謂：疑此句當在四十一章：「故建言有之」句下。茲移之於句上，以承接上文，並啟下文。

故建言有之：

所以古時候立言的人說過這樣的話：

明「道」若昧；

明顯的「道」好像暗昧的樣子；

進「道」若退；

前進的「道」好像後退的樣子；

夷「道」若纇；

平坦的「道」好像不平的樣子；

◎ 纇，《左傳》昭公十六年：「刑之頗纇」。服虔注：「纇，不平也」。

大白若辱；（第四十一章）

最潔白的好像黑垢的樣子；

◎ 辱，通黷。《玉篇》：黷，垢黑也。

大辯若訥；

最卓越的辯才好像口訥的樣子；

◎ 訥，《說文》：「言難也。」說話遲鈍的意思。

大直若屈。（第四十五章）

最正直的事物好像曲屈的樣子；

上「德」若谷；

最高上的「德」好像低下空虛的川谷；

廣「德」若不足；

最廣大的「德」好像欠缺而不充足；

建「德」若偷；

最剛健的「德」好像柔懦而怠惰；

◎ 建，俞樾說：當讀為「健」。

◎ 偷，《說文》：「苟且也。」偷惰的意思。

質「德」若渝。

最樸素的「德」好像被污染變質。

◎ 「德」，原文作「真」，「悳」之訛。劉師培說：「悳」，古「德」字。「悳」與「真」字形極近似，因而訛誤。據改。

大方無隅；

最方正的反而沒有邊角；

大器晚成；

最堪大用的器具不局限於一定的用途與成就。

◎ 大器，譬比偉大的器識。似與孔子曰：「君子不器」之「器」同義。

※ 晚成，陳柱謂：「晚」者「免」之借。「免成」、猶「無成」。按：「大器免成」，就是說：最大的器具，無固定形狀，亦無固定用途，當然也就不囿於一偏的成就。也就是堪大用之器，是不止於瑚璉，而可肆應多方的。陳說較歷來注家皆解「晚」為早晚之晚，與上下文句意義不能一律，要恰當得多。余培林也認同陳說。譯文從之。

大音希聲；

最大的樂音反而聽不出聲響；

◎ 希，無也。

大象無形。（第四十一章）

最大的形象反而看不見形跡。

大成若缺，其用不敝；

最完美的東西好像有缺陷，它的作用卻不會破壞；

◎ 敝，原文作「弊」。據林希逸本、王道本、焦竑本，改。

大巧若拙，（其用不屈；）

最精巧的東西好像很笨拙，它的作用卻不會枉曲（屈）；

◎「其用不屈」句，據《韓詩外傳》卷九引老子文，補。

大盈若沖，其用不窮。（第四十五章）

最盈滿的東西（如空氣）好像很空虛，它的作用卻不會窮竭。

◎以上原四十一、四十五章文句，據嚴靈峰校議，並參酌老子文例，予以調整，意較順。

四、利「有」用「無」

(1) 有、無相生

三十輻，共一轂。當其無，有車之用。

三十根輻條，安置在一個車轂（ㄍㄨˇ）上。正因為輻條與輻條中間是空虛的，車子才能轉動而有載運的功用。

埏埴以為器，當其無，有器之用。

揉合泥土做成器皿，正因為器皿中間是空虛的，才有容物的功用。

鑿戶牖以為室，當其無，有室之用。

開鑿門窗造成房屋，正因為有了門窗和四壁的虛空，才有居住的功用。

故有之以為利，無之以為用。（第十一章）

所以「有」給人便利，「無」發揮了它的功用。

有、無相生；

有和無是互相對待產生的。

◎原文為「故有無相生」。據敦煌本、顧歡本，刪「故」字。

難、易相成；

難和易是互相依靠對待而形成的；

長、短相形；

長和短是互相比較的；

◎形、原文作「較」。據顧歡本、傅奕本及畢沅說，改正。

高、下相盈；

高和下是互相包容的；

◎ 原文作「傾」陳鼓應據帛書篆、隸本云：當改正為「盈」。語譯則採用鄧潭洲《白話老子》。

音、聲相和；

音和聲是互相應和的；

前、後相隨。（第二章）

前和後是互相跟隨的。

故物或行或隨；

所以，一切事物有的行於前，有的隨於後；

或歔或吹；

有呴暖，有吹寒；

◎ 高亨說：緩吐氣以温物謂之噓，急吐氣以寒物謂之吹。

或強或羸；

有剛強，有羸弱；

或載或隳。（第二十九章）

有安定而成，有危險而毀。

◎ 載，安也。原文作「挫」，據河上公本及俞樾說，改正。

(2) 禍、福相倚

禍兮？福之所倚；

災禍嗎？幸福卻倚傍於其中；

福兮？禍之所伏。

幸福嗎？災禍卻潛伏在它裡面。

孰知其極？

誰能知道它的究竟原因呢？

其無正！

它是沒有定準的！

◎ 正，《玉篇》：長也，定也。此作「定」解。「無正」即「無定」。

正復為奇，善復為妖。

正大的可以轉變為奇詭的，美善的可以轉變為邪惡的。

人之迷，其日固久。

人們的迷惘，時日已經很久了。

是以聖人方而不割；

因此，有道（能順任自然）的人，處事方正卻不尖刺而割傷他人。

廉而不劌；

有稜角卻不說利而傷害他人。

◎《廣雅》釋言：廉，稜也。

◎劌音ㄍㄨㄟˋ，《說文》：利傷也。銳利傷人也。

直而不肆；

率直卻不放肆；

光而不耀。（第五十八章）

光明卻不炫耀。

其不欲見賢，（第七十七章）

他如此做，是不想顯現自己的賢能。

◎見，音ㄒㄧㄢˋ。同「現」，顯現。

是謂「襲明」。（第二十七章）

這叫做「襲明」（內蘊的明智）。

◎「其不欲見賢」句，「是謂襲明」句，據嚴靈峰校議改移。

※按：「方而不割，廉而不劌」者，「挫其銳」也。「直而不肆」者，「解其分（紛）」也。「光而不耀」者，「和其光」也。「其不欲見賢」者，「同其塵」也。此（二十七章）說那是「襲明」。（第五十六章）（本編第四十九頁。）卻稱說是「玄同」，綜合兩種說法來看，意義相同，也很明顯。有人依通行本章句次序強為作解，也有作文句調整的，但仍然囿於原章次而受到限制，不得不穿鑿附會，以圓其說。如本節：「禍兮……光而不耀。」文意一貫，原本無庸置疑。但因「禍兮」句前，有「其政悶悶……其民缺缺。」計十六字錯簡羼入，造成文義不能一貫。如是有將「是以聖人……光而不耀」二十字，挪至「禍兮」句前的。其說有二，（略去）雖就該章文句言，不無道理。但將此一「襲明」與「玄同」相互發明之純「人

生論」，生硬地加於「政治論」中，便顯得牽強了。嚴靈峰疑「其政……缺缺」文句當移在五十七章「天下多忌諱」句上（如本編第一百一十頁）。而於本節文句末，將七十七章「不欲見賢」句及二十七章「是謂襲明」句作為收結。實為一般見所不逮處。茲從之。

(3) 不欲盈

物壯則老，是謂「不道」。

一切事物強大壯盛了，就會走向衰老。這叫做「否道」。

◎ 不，讀同「否」音ㄆㄧˇ。否道，是自然規律中，向相反方向發展的必然現象，他本與「道」同是「先天地生」的。或作「非道」。「非道」的意思是「不是道」、「失道」的意思。老子主「順任自然」，由生而壯、而老，是自然規規律，法則，怎會是「非道」「失道」呢？

「不道」早已！（第三十、五十五章）

「否道」是（和「道」同時產生的）早就存在的。

◎ 已，同「矣」與第二章（本編第八十四頁）「斯惡已」、「斯不善已」用法相同。是句末語氣詞。古「以、已、矣」三字均作「㠯」。「早已」即「早矣」。已，此處作「止」或「死」解，似嫌牽強。

故飄風不終朝，

所以狂風颳不到一早晨，

驟雨不終日。

暴雨下不了一整天。

孰為此者？天地！

誰使它這樣呢？是天地的自然現象！

天地尚不能久，而況於人乎？（第二十三章）

天地間的風雨。（自然現象）都不能持久，何況人事呢？

「道」沖，而用之或不盈。（第四章）

「道」體是空虛的，能運用它的「無」是「不盈」（不盈滿的。）

持而盈之，不如其已。

能持守「道」的「沖」虛，卻又想要相求盈滿，倒不如適可而止。

揣而銳之，不可長保。

鍛鍊得鋒芒畢露的銳勢是難於保持長久的。

◎ 揣，河上公注：「揣，治也。《說文》：「揣，量也，一曰捶之。」

◎ 「治」，「捶之」，皆有刻意造作的意思。」

◎ 銳，原文作「梲」，王弼注作「銳」。據改。

金玉滿堂，莫之能守。

滿堂的金玉，是沒有人能長久保守的。

富貴而驕，自遺其咎。

自恃富貴而驕傲，是自己找尋災禍。

功成、身退，天之「道」。（第九章）

功成了就引退，是合乎「自然」規律的。

※ 余培林說：「身退，非必退身避位。凡不有，不恃、不居皆是。」

保此「道」者，不欲盈，

能保有這「自然」之「道」的，不求盈滿。

夫唯不盈，故能蔽「不」、新成。（第十五章）

就因為不求充盈滿足，（處於虛靜）所以能夠覆匿「否定」，創造新成就。

※蔽不：蔽，王弼注：蔽，覆蓋也。河上公注：蔽者，匿光榮也。

◎不，讀同否，（音ㄆㄧˇ）。「否」即「否道」。「蔽不」即「覆匿否道」。自然規律中，「方生方死，方死方生」之現象，一般人大多著意在「方生」的一面，卻忽略了「方生」時之「方死」的另一面。故「保此道者」順應自然以覆匿之。

◎易順鼎、高亨謂「蔽」者，「敝」之借，「不」者，「而」之誤字。乃古篆形似故。句當作：「故能敝而新成」。陳鼓應謂即「去故更新的意思」。錄供參資。

(4) 不自見

企者不立，跨者不行；

用腳尖站立，（想高過別人）一定站不牢穩。大跨步走路，（想快過別人）一定走不遠。

自見者不明；自是者不彰；

好表現的，是沒有自知之明，自以為是的反而不得彰顯；

◎見，（ㄒㄧㄢˋ）；意同現、顯。

自伐者無功；自矜者不長。

自我誇耀的，不會成功，自我矜持的，反而不能長久。

其在「道」也，曰：餘食贅形。

從「道」（順應自然）來看，可說都如飲食上的剩飯殘菜，形體上的附疣贅瘤。

◎行，潘靜觀本作「形」。吳澄、易順鼎均疑當作「形」，謂古字通作，應讀如「形」。《莊子》駢拇：「附贅懸疣，出乎形哉。」疣贅出乎形，「行」應作「形」。據改。

物或惡之，故有「道」者不處。（第二十四章）

「餘食贅形」的事物，都是世人所討厭的。（何況自見、自是、自伐、自矜呢？）所以有「道」（順任自然）的人，不這樣做。

◎物，承上「餘食贅形」之代詞。一般注：「指人」，欠妥。因「物」字下有「或」字，「或」才是「有人」的意思。

不自見故明；

不自我表現，所以是清明的。

不自是故彰；

不自以為是，所以能彰顯自己不愚昧。

不自伐故有功；

不自我誇耀，（謙虛則得人）所以反能功業成立。

不自矜故長。（第二十二章）

不自恃才能，（吸取他人長處），所以能够長久。

是以聖人自知不自見；自愛不自貴。故去彼取此。（第七十二章）

因此，有「道」的人，只求自知而不自我表現。只求自愛而不自顯高貴，自抬身價。所以會捨棄後者（「自見」、「自貴」），而採取前者（「自知」、「自愛」。）

(5) 知「微明」

（周書曰：）

周書說：

◎ 韓非說：「周書曰：將欲取之，必姑予之。」準此據以增益「周書曰：」三字，意謂這是周書上的話，不是老子說的。

將欲歙之，必固張之；

想要使它收斂，必須姑且先讓它擴張；

◎ 固，讀如「姑且」之「姑」，不作本來如此解。以下三「固」字均同。

將欲弱之，必固強之；

將要使它衰弱，必須姑且讓它強大；

將欲廢之，必固興之；

將要使它頹廢，必須姑且任由它多所興舉。

將欲奪之，必固與之。

想要奪取它，必須姑且先給予它。

是謂：「微明。」（第三十六章）

這叫做知幾之微的「微明」。

※ 三十六章最受誤解。大都認為含有「權詐」思想。薛蕙謂：「夫仁義聖智，老子且猶病之，何

況權詐乎？」按：張起鈞《老子選讀》則闕而未選。

(6) 抱「一」歸「全」

昔之得「一」者：

自古以來，凡是得到「一」的（有六）：

天得「一」以清；

天得到「一」就清明；

地得「一」以寧；

地得到「一」就寧靜；

神得「一」以靈；

神得到「一」就靈妙；

谷得「一」以盈；

谷得到「一」就盈滿；

萬物得「一」以生；

萬物得到「一」就衍化生長，

侯王得「一」以為天下貞。

侯王得到「一」治理天下而使得天下安定。

◎ 貞，定也，正也。

其致之（「一」也）；

使這六者能如此，都是得到了「一」啊！

◎ 原文闕「一也」二字。據陶邵學、蔣錫昌、嚴靈峰諸說，補。但馬敍倫謂：「譣義當有。但為古註文」。

天無以清將恐裂；

天不能清明，恐怕會崩裂；

地無以寧將恐發；

地不能寧靜，恐怕會震毀；

◎ 發，音（ㄈㄟˋ）。同「廢」。據劉師培、蔣錫昌、嚴靈峰說。

神無以靈將恐歇；

神不能靈妙，恐怕會消失；

谷無以盈將恐竭；

谷不能盈滿，恐怕會涸竭；

萬物無以生將恐滅；

萬物不能衍化生長，恐怕會滅絕，

侯王無以貞將恐蹶。（第三十九章）

侯王不能使得天下安定，恐怕會被顛覆。

◎ 貞，原文作「高貴」，義不可通。據易順鼎說及趙至堅本，改正。

是以聖人抱「一」，為天下式。（第二十二章）

因此，有「道」（順任自然）的人，抱持著「一」（即「道」），作為天下的範式。

※ 「一」，指整個的「道」體而言。一，是數目最少的，也是數目最多的。所謂「一本散為萬

殊，萬殊回歸於一本，（歸「全」也）。」故只舉其本，則萬事無所不包了。

曲則全，枉則直；

委曲的反能保全，枉屈的反能伸直；

窪則盈，敝則新；

低窪的才易盈滿，敝舊的才能更新；

少則得，多則惑。

少取了（物質上的），（精神上）卻有所得；多了就會弄得迷惑。

古之所謂：「曲則全」者，豈虛言哉？

古人所說：「委曲的反能保其完善週全」，怎麼會是空話呢？

誠全而歸之。（第二十二章）

實在是能使人終於獲得全功的。

五、成大

(1) 圖難於易

大？小？多？少？

大，是絕對的大嗎？小，是絕對的小嗎？多，是絕對的多嗎？少，是絕對的少嗎？

◎大小多少。這四個字歷來看法說法，各有不同，略舉如次：

甲、認為有脫字或誤文者：

1．主張誼不可說，不可強解的有：姚鼐、奚侗、蔣錫昌、馬敍倫。（陳鼓應之《老子今注今譯》未加譯注。）

2．認為係下文譌脫，當補正的有陳柱之作「為大於小，為多於少」句。嚴靈峰據《韓非子》喻老篇，疑韓文亦脫。句當作「大生於小，多起於少」。陳鼓應謂嚴說最優。

乙、就原文作解釋的，有高亨、余培林的：「大小」是「以小為大」。「多少」是「以少為多」。又有憨山的：「大的看作小，多的看作少。」林希逸卻解釋為「能大者必能小，能多者必能少。」

以上各種說法，分析如次：

甲之1：因為沒有確切把握老子「對立的統一」觀，是否定「絕對」論的。「說不可解」只是「避重就輕」罷了。

甲之2：據下文或韓文來正誤，卻又疑下文譌。並疑韓文闕。且須改易下文文字或增補韓文文句，以圓其說，於理久墒。

乙，就原文作釋之三種說法，是各憑自己的臆測，把用四個單純的名詞作問句的文句，予以複雜化，而區分「某」字為動詞，「某」字「某」字為名詞，「某」字「某」字為形容詞。還特地加入些「認為」、「看作」，「能如何便如何」等詞語來解釋。當然只是猜說而已。

※　按：一般人觀察事物，是就眼見所及，止於表相。看到高的東西就認為高，看見下的東西就認為下。同樣看見大的、小的、多的、少的，也就認為是大、是小、是多、是少。一切非常確定，是不變的。但老子洞鑒事物演化的底蘊，認為這些看法，全不過是抽象的概念。實際的事物並沒有絕對的高、下、長、短，大、小、多、少。而是「有無相生，難易相成，長短相較，高下相盈，音聲相和，前後相隨」的。（原第二章）（本編第五十五頁至第五十六頁。）故此四字只是「大嗎？小嗎？多嗎？少嗎？」的問句，以開啟下文而已。故不採眾說，逕譯。

圖難於其易；為大於其細。

想完成艱難的事，要從容易處著手；想做大事，要從細小處著手。

天下難事，必作於易；

天下的難事，必定由容易的做起；

天下大事，必作於細。（第六十三章）

天下的大事，必定由細小的做起。

合抱之木，生於毫末；

合抱的大木，是從細小的幼苗成長的；

九層之臺，起於累土；

九層的高臺，是由累疊的土石建築起來的；

千里之行，始於足下。（第六十四章）

千里的遠行，是從腳下舉步開始走的。

是以聖人終不為大，故能成其大。（第六十三章）

因此，有「道」（順任自然）的人，始終不從大的（難的）著手去做，所以能成就大事。

(2) 慎終如始

多易必多難。

把事情看得都很容易，遭遇的困難必定很多。

是以聖人猶難之，故終無難矣。（第六十三章）

聖人把容易的事情看的困難，因此始終沒有困難產生。

◎ 難之，以易為難。

其安易持，其未兆易謀；

事物在安定的時候，容易把握持守；在沒有變化朕兆（跡象）的時候，容易圖謀。

◎ 兆，朕兆，跡象。

其脆易泮，其微易散。

事物在脆弱的時候，容易分解。在細微的時候，容易散失。

◎ 泮，通「判」。分解的意思。

為之於未有，治之於未亂。

要在事情沒有發生之前處理妥當，要在沒有紛擾產生之前整治得有條有理。

民之從事，常於幾成而敗之！

人們做事，常常在快要完成的時候卻失敗了。

慎終如始，則無敗事。（第六十四章）

慎重到最後，還同開始時一樣，那就不會有失敗的事情了。

◎ 以上原六十三、六十四章文句，極為紊亂。脫簡、錯簡故也。茲參考陳柱、奚侗、馬敍倫，嚴靈峰諸說，擷其部分文句，屬之他處，餘歸之於此。

六、無身

(1) 外寵（榮）辱

「寵辱若驚，貴大患若身。」

「世人得榮寵和受侮辱，都會驚喜或驚懼。重視大的禍患，也是由於『有身』（看重已身）的緣故。」

◎ 若，余培林謂：「本章九『若』字皆當訓『乃』。河上公本上一『若』字作『則』，下一「若」字作『乃』。《莊子》在宥篇皆作『則』。《淮南子》道應訓皆作『焉』。『則』、

『焉』都有『乃』的意思。」茲據譯。

「『何謂寵辱若驚？』『寵為上；（辱為下）。得之若驚，失之若驚，是謂寵辱若驚。』」。

「『何以說得榮寵和受侮辱都會受驚？』『世人認為得到榮寵是好事，受到侮辱是壞事。所以得寵辱的會受驚，失去榮寵的也會受驚。這就叫得寵受辱都會受驚』」。

◎ 寵為下，辱為上，原文作：「寵為下」。河上公本作「辱為下」。陳景元、李道純本作：「寵為上，辱為下」。俞樾曰：「王本、河上本疑均奪誤，當從陳本、李本」。茲據俞說，改正。

「『何謂貴大患若身？』『吾所以有大患者，為吾有身。及吾無身，吾有何患？』」

「『何以說重視大的禍患，是由於太重視已身？』『我們之所以重視大患，是因為我們常以自身的存在為念。假使我們忘了自身的存在，我們還有什麼憂患？』」

◎ 及，河上公注：及，使也。假使的意思。

◎ 「貴大患若身」句，王道指出：「當云貴身若大患。……古語多類此者。」陳鼓應認為：「當如王解」。

故貴以身為天下，若可寄天下；

所以重視為吾有身及吾無身的態度，去犧牲自己為天下人服務的人，就可以把天下委託給他。

愛以身為天下，若可託天下。（第十三章）

樂於犧牲自己為天下服務的人，就可以把治理天下的任務託付給他。

(2) 外死生

出，生；入，死。

人出世叫做生；入地叫做死。

生之徒、十有三；

屬於長壽的，佔十分之三；

◎ 徒，類、屬。

死之徒、十有三；

屬於短命的，佔十分之三；

人之生，動之死地，亦十有三

本來可以活得長命，卻自己走向死路的，也佔十分之三。

夫何故？以其生生之厚。

那是什麼原因呢？因為他為求生而奉養太豐厚了。

◎ 生生即養生，生生之厚：求生太過度了。諸如酒肉饜飽，奢侈淫佚，服食藥餌等

蓋聞：「善攝生者：

大概都聽說過：「善於攝護生命的人，

陸行不遇兕虎，

在陸地上行走，不會遇到兇猛的野牛、虎豹，

入軍不被甲兵，

在戰場中，不會被兵器殺傷。

兕無所投其角，

野牛用不上牠的銳角；

虎無所措其爪，

老虎用不上牠的利爪

兵無所容其刃。」

兵器用不上它的鋒刃。」

夫何故？以其無死地。（第五十章）

那是什麼原因呢？因為他（順任自然，不貪不爭）沒有可以致死的境地。

天長地久！

天地是長久永存的！

天地之所以能長且久者，

天地所以能長久永存，

以其不自生，故能長生。（第七章）

因為它不自求生生之厚，所以才有無窮的壽命。

不失其所者久；

能順任自然不失去它所應處的地位，就永久長存；

死而不亡者壽。（第三十三章）

身死而「道」存的，才是長壽。

是謂深根固柢，長生久視之「道」。（第五十九章）

這叫做根柢深厚鞏固，生命永遠存活的自然之道。

◎ 視，活也。

夫唯無以生為者，是賢於貴生。（第七十五章）

就因為不謀一已生活優裕的人，比貴生厚養的人要好的多了。

◎ 賢於，勝過的意思。

(3) 知足之（止）足

名與身孰親？

名聲與生命那一樣可愛呢？

身與貨孰多？

生命與財貨那一樣重要呢？

得與亡孰病？

獲得與失去那一樣有害呢？

是故甚愛必大費；多藏必厚亡。（第四十四章）

因此，過分的愛名、愛身，必定會耗去極大的心力；豐富的收藏，必會招致慘重的損失。

禍莫大於不知足；

災禍沒有比不知道滿足更大的，

咎莫大於欲得。（第四十六章）

罪惡沒有比貪欲、佔有更大的。

知足不辱，知止不殆。（第四十四章）

知道滿足，才不會招致侮辱；知道適可而止，才不會危險。

故知足之足，常足矣。（第四十六章）

所以知道滿足而止的人，永遠是滿足的。

◎ 之，同「止」。

七、知和若愚

(1) 知和

含德之厚，比於赤子。

含藏深厚之德的人，可以和天真無邪的嬰兒相比。

毒蟲不螫，猛獸不據，攫鳥不搏。

劇毒的蟲不螫噬他，兇猛的獸不撲據他，眼利爪銳的鳥不搏擊他。

◎ 毒蟲，原作「蜂蠆虺虵」據河上公本，改。

骨弱筋柔而握固；

他筋骨柔弱，小拳頭卻握得緊緊的。

未知牝牡之合而朘作，精之至也；

他不知道男女交合之事，但小生殖器卻會自動勃起。這是精氣至為充足的緣故。

◎ 朘，音（ㄗㄨㄟ），原作「全」。傅奕本及段玉裁注《說文》：「朘曰赤子陰也」，據改。

終日號而不嗄，和之至也；

他整天號哭，但是他的喉嚨卻不會沙啞，這是元氣極為淳和的緣故。

知和曰常，【知常曰明】

知道淳和的道理，叫做常；

◎ 「知常曰明」句。次解本無此四字。當為十六章（本編第三十四頁）錯簡重出。應刪。

益生曰祥。

增加生活的享受，叫作不祥。

◎ 祥，妖祥，通「殃」，不祥也。

心使氣曰強。（第五十五章）

以心役使其氣（破壞了純和），叫做逞強。

強梁者不得其死！（第四十二章）

強橫的人是得不到好死的。

(2) 塞兌

樂與餌，過客止。（第三十五章）

音樂和美食，能使過路的人止步。

天下皆知美之為美，斯惡已；

天下人都知道美之所以為美去求美，那反而是醜惡了。

◎ 已，同矣。下同。

皆知善之為善，斯不善已。（第二章）

都知道善之所以為善而刻意求「善」，那反而是不善了。

◎ 美、惡，善、不善，都是相對的。主觀認定美善，刻意以求，美反不美，善反非善了。

五色令人目盲；

五色（青、赤、黃、白、黑）繽紛，會使人眼花撩亂，視而不明。

五音令人耳聾；

五音（宮、商、角、徵（ㄓˇ）、羽）齊作，會使人耳為之亂，聽而不聞。

五味令人口爽；

五味（酸、苦、甘、辛、鹹）並進，會使人胃口傷敗，食而不知其味。

◎爽，河上公註：「亡也。」《廣雅》：傷也。

馳騁田獵，令人心發狂；

縱情遊樂（跑馬打獵），會使人心志放蕩，狂燥不安，

難得之貨，令人行妨。

不容易得到的珍貴財貨，會使人心防潰散，品行受到傷害。

是以聖人為腹不為目。

因此，有道（順任自然）的人，只需清靜的溫飽，不謀求眼、耳、心、身的享受。

故去彼取此：（第十二章）

所以，不為眼、耳而摒棄物欲的誘惑，只為肚腹以持守安足的生活。

為「無為」，事「無事」，味「無味」。（第六十三章）

以「無為」（不妄為、不強為）的態度去作為，以不多事的方式去做事，把恬淡無味的當作最佳的美味。

塞其兌，閉其門，終身不勤；

堵塞嗜欲的孔竅，關閉嗜欲的門徑，一輩子都沒有勤勞煩擾。

◎ 兌，《易》說卦：「兌為口」，引伸凡有孔竅的可稱為兌。

開其兌，濟其事，終身不救。

敞開著嗜欲的孔竅，去滿足它的需求，一輩子都無法挽救了。

見小曰明，守柔曰強。

能察見細微，就是明，能持守柔弱，叫做強。

用其光，復歸其明。

運用智慧之光，（燭照萬物）使得自己回復到本然的清明。

無遺身殃，是為習常。（第五十二章）

不給自己帶來禍殃，這就是永續不絕的常道。

◎ 習常，其他古本，作「襲常」。馬敘倫說：「襲，習古通」。可作「因襲常道，修習常道」解。

(3) 去甚

為學日益，為「道」日損。

求學，使知見一天比一天增加，求「道」，把情欲一天比一天減少。

損之又損，以至於「無為」。

（為「道」的人），要把情欲減少又減少，至到「無為」（不妄為、不強為）的境地。

「無為」而無不為。（第四十八章）

能做到「無為」（不妄為、不強為），就沒有什麼事情不能作為了。

是以聖人去甚、去奢、去泰。（第二十九章）

因此，有道（順任自然）的人，去除極端的，奢侈的、過份的東西。

◎ 泰，通「太」。《說文》：大也。過份的意思。

(4) 若愚

唯之與阿，相去幾何？

唯（恭敬的答應）與阿（怠慢的回應）相比較，相差多少？

善之與惡，相去何若？

善與惡相比較，相差多少？

◎ 原文「何若」作「若何」，此倒「乙」之。

荒兮其未央哉！

人心的荒蕪迷亂，將沒有止境啊！

◎ 荒，《說文》：蕪也。又，迷亂也。

◎ 央，《廣雅》釋詁：盡也。

眾人熙熙，如享太牢，如春登臺。

眾人都興高采烈地，好像享受豐盛的筵席，又像春天登上高台眺望美景。

◎　太牢，古代帝王貴族，用牛、羊、豬三牲做祭品叫「太牢」，是極為豐盛隆重的祭品。

我獨泊兮其未兆，如嬰兒之未孩。

只有我淡泊地沒有行動的跡象，如同嬰兒還不會發出「孩！孩！」的笑聲。

◎　兆，朕兆，跡象。

◎　孩，《說文》：小兒笑也。

儽儽兮！若無所歸；

懶懶散散地！好像無處可歸。

◎　儽儽，《說文》：「垂貌，一曰嬾懈」。

眾人皆有餘，而我獨若遺，

眾人都有所得而又有餘，但我卻似有所失。

我獨愚人之心也哉！沌沌兮！

惟有我真是愚笨的想法嗎！渾渾沌沌地！

俗人昭昭，我獨昏昏？

世俗的人都那麼爽朗，只有我昏昏昧昧嗎？

俗人察察，我獨悶悶？

世俗的人都精明，只有我懣懣悶悶嗎？

眾人皆有以，而我獨頑似鄙？

眾人都有所作為，唯獨我愚頑得好像很固陋嗎？

我獨異於人，而貴食母。（第二十章）

我和世人不同，是能重視於「道」的修養。

◎ 食母，即食於母。與《莊子》：養於「道」，「食於天」同義。

八、上德不德

上「德」不「德」，是以有「德」。

最有「德」的人，不自恃以為有「德」，所以才是真正有「德」。

下「德」不失「德」，是以無「德」。

最少「德」的人，自以為執著於德而不敢失，所以就沒有「德」。

上「德」無為而無以為；

上「德」的人無為（順任自然），而且無心去作為；

◎ 以，林希逸曰：「以者，有心也。無以為，是無心而為之也。」

下「德」無為而有以為。

下「德」的人無為（順任自然）卻是有所為（ㄨㄟˋ）而作為。

◎ 無為，原文作「為之」。與下文「上義」句同。則下「德」之人，更有所不如。原文一定有誤。據馬其昶、王淮、余培林、陳鼓應等說，訂正。

上「仁」為之而無以為；

上「仁」的人有所作為，而是無所為（ㄨㄟˋ）而作為。

上「義」為之而有以為；

上「義」的人有所作為，卻是有所為（ㄨㄟˋ）而作為。

上「禮」為之而莫之應，則攘臂而扔之。

上「禮」的人有所作為，如果得不到回應，就揮動著手臂來招引（甚至強拉）別人來守「禮」。

◎ 而，如也。「如果」的意思。

◎ 扔，林希逸曰：引也，強制拽之也。

故失「道」而後「德」，失「德」而後「仁」，失「仁」而後「義」，失「義」而後「禮」。

所以失去了「道」以後才講「德」，失去了「德」以後才講「仁」，失去了「仁」以後才講「義」，失去了「義」以後才講「禮」。

夫「禮」者忠信之薄，而亂之首。

「禮」，是忠信衰薄後的產物，而且是禍亂的開端。

前識者「道」之華，而愚之始。

所謂「先知先見」制禮的人，只不過是見到「道」的浮華，而且是愚昧的開始。

◎ 華，同「花」。有浮華的意思。

是以大丈夫處其厚，不居其薄；

因此大丈夫處其身於敦厚，而不居於澆薄；

處其實，不居其華，【去彼取此】（第三十八章）

處其身於樸實的「道」的方面，而不居於浮華的「禮」的方面。

◎「去彼取此」句。第十二章、七十二章，均重出，刪。於義無涉。

故從事於「道」者【道者】同於「道」；

所以從事於「道」（順任自然）的人，結果就得到「道」。

◎「從事於道者」句下，重出「道者」二字。據《淮南子》道應篇引老子文，及俞樾說，應刪。

「德」者同於「德」；

從事於「德」的人，結果就得到「德」。

失者同於失。

從事於「失」的人，結果就會與「失」相同。

同於「道」者，「道」亦樂得之；

使自己的行為與「道」同體的，「道」也樂於得到他；

同於「德」者，「德」亦樂得之；

使自己的行為與「德」同體的人，「德」也樂於得到他；

同於失者，失亦樂得之。（第二十三章）

行為與「失」相同的人，「失」也樂於得到他。

九、善行無跡

(1) 怨　德　善

和大怨，必有餘怨。（第七十九章）

和解很大的仇恨，必然還有剩下來的仇怨。

報怨以德！（第六十三章）

用「德」來報答有仇怨的人，（仇怨便可能化解）！

◎ 本句原在六十三章，參照嚴靈峰的說法，移此。

有德司契，無德司徹，

有德的人就像只是保有著契約的人，無德的人就像催繳租稅的人。

是以聖人執左契而不責於人。（第七十九章）

因此，有「道」的人掌握著契約的存根（左券）卻不向人索取償還。

安可以為善？（第七十九章）

怎樣才算妥善呢？

居善地，心善淵，與善人，言善信，正善治，事善能，動善時。（第八章）

居處要選擇最好環境，存心要保持寧靜（淵靜），相與交往的要是好人，言語要信實可靠，為政要治理得最理想，辦事要盡其所能，行動時要能適合時宜。

◎ 善人，原文作「善仁」，據傅奕本、景龍本、河上公本、鄧錡本、李嘉謀本，改。

◎ 正，同「政」。

善行無轍跡；

善於行路的人，不會留下車馬的軌跡，

善言無瑕讁；

善於言說的，不會有疵瑕，被指責。

善數不用籌策；

善於計算的不必用籌碼。

善閉無關楗，而不可開，

善於關閉的不用栓梢，卻沒有人能打開；

善結無繩約，而不可解。

善於結縛的不用繩索，卻沒有人能解開。

是以聖人常善救人，故無棄人；

因此，有「道」（順任自然）的人，經常善於救助別人，所以沒有被遺棄而不用的人。

常善救物，故無棄物。（第二十七章）

經常善於救治事物，所以沒有被遺棄而不可用的事物。

人之不善，何棄之有？（第六十二章）

有些人不善，那能捨棄他們呢？

(2) 貴師愛資

「道」者，萬物之奧。

「道」（順任自然）而生萬物，是萬物深藏的處所。

◎ 奧，河上公注：「奧，藏也。」

善人之寶，不善人之所保。

是好人的珍寶，也是壞人所要保有的。

故善人者，不善人之師；

所以，好人是壞人所應效法的老師；

不善人者，善人之資。

壞人可做為好人為善的借鏡。

◎ 資，取資，借鏡。

不貴其師，不愛其資，雖智大迷。

不尊崇老師，不珍惜借鏡，雖然自以為聰明，其實是大迷糊。

是謂「要妙」。（第二十七章）

這叫做「重要而奧妙的道理」。

十、善建善抱

善建者不拔，善抱者不脫。

善於建樹的，根深柢固不易被拔掉，善於抱持「一道」（順任自然之「道」）的，不會脫掉離開。

子孫以祭祀不輟。

子孫遵守這個道理，世世代代的祭祀永不會停止。

修之於身，其「德」乃真；

用它修身，他的「德」是純真的；

修之於家，其「德」乃餘；

把它貫徹到一家，他的「德」可以有餘；

修之於鄉，其「德」乃長；

把它貫徹到一鄉，他的「德」可以長久；

修之於國，其「德」乃豐；

把他貫徹到一國，他的「德」會很豐厚；

修之於天下，其「德」乃普。

把他貫徹到天下，他的「德」就會普及。

故以身觀身，以家觀家，以鄉觀鄉，以國觀國，以天下觀天下。

所以，要從自己本身觀察別人，從我家觀察他家，從一鄉觀察其他的鄉，從一國觀察其他的國，從我們的天下觀察其他的天下。

※「以天下觀天下」句，嚴靈峰謂，古者以「天下」為最大領域，「天下」之外，不能再有「天下」。疑後人因下文有「吾何以知天下然哉」句，遂臆補此句。依義當刪。按：《史記》孟荀列傳有騶衍九州之說。其言曰：「儒者所稱中國者，於天下乃八十一分居其一分耳。」薛福成謂：「……騶子之說，非盡無稽，或者古人原本有此一說，騶子從而推闡之邪，未可知也。」據此則「以天下觀天下」句或非臆補。並錄，以備參考。

吾何以知天下（之）然哉？以此。（第五十四章）

我怎麼知道天下是這樣的呢？就是依據以上的原理。

◎「然哉」，「然」字上應有「之」字，據河上公本，林希逸本、焦竑本，及嚴靈峰說補「之」字

形下篇　（中）　政治論

一、以無事取天下

取天下常以無事。

治理天下，應常清靜而不多所作為。

◎　取，河上公注：治也。

及其有事，不足以取天下。（第四十八章）

如果多所作為（政令繁苛），就不能治理天下。

◎　及，若也。與十三章（本編第七十六頁）：「及吾無身」之「及」的意義相同。

治大國，若烹小鮮。（第六十章）

治理大國，就像烹調小魚一樣（不可多去翻動牠）。

恬澹為上。（第三十一章）

恬靜、平淡，是最好的。

◎據嚴靈峯說移此。

二　清靜為天下正

(1) 致虛守靜

致虛、極，守靜、篤。（第十六章）

使心靈達到最空明的境界。保持清靜到達最深厚的狀態。

重為輕根，靜為躁君。

（重可以御輕）故厚重是（避免）輕浮的根本，（清靜可以勝急躁）故寧靜是安定浮躁的主帥。

是以聖人終日行，不離靜、重。

因此，有道（順任自然）的人，整天的行為，都不離清靜與厚重。

◎靜，原文作「輜」。據河上公注及劉驥、蔣錫昌、嚴復、有木元吉（日）焦竑、嚴靈峯諸說改。

【雖有榮觀，燕處超然。

雖有榮耀輝煌的宮殿、觀闕，生活其中，卻毫不在意地泰然處之，超然物外。

◎觀，音（ㄍㄨㄢˋ）。《爾雅》釋宮：觀，謂之闕。

◎燕處，猶「燕居」。退朝而處曰「燕居」。

奈何萬乘之主，而以身輕天下？】

為什麼身為大國的君主，還以輕率躁動治天下呢？

◎自「雖有榮觀……身輕天下」二十字。武內義雄，嚴靈峯疑係古注羼入正文，或後人據《韓非子》喻老篇說明之文，加以刪改而臆補。似當刪去。

輕則失根，躁則失君。（第二十六章）

輕浮就會失去厚重的根基，急躁就會失去清靜的主宰。

◎失根，原文作「失本」。據俞樾說及上文：「重為輕根」句，作「根」為是。

靜勝躁，寒勝熱。

清靜克服急躁，寒冷能克服炎熱。

◎原文作：「躁勝寒，靜勝熱。」文義不順。據蔣錫昌、嚴靈峯說改正。但據《帛書老子》篆本作「躁勝寒，靜勝炅」炅、（ㄐㄩㄥˇ）王冰注：炅、熱也。炅、正、叶韻。似當據以改正。

清靜為天下正。（第四十五章）

清靜無為，就可以做天下人的楷模。

(2) 守常知止

「道」常、無名。

「道」（宇宙的本體）是經常的、沒有名字的。

侯王若能守之，萬物將自賓。

侯王如果能堅守著它，萬物將會自動地賓服。

◎ 賓，賓服。服從、來歸的意思。

天地相合，以降甘露。

天地相互配合，就降下甘潤的雨露。

民莫之令而自均。

人民沒有命令它，卻自然地均勻。

始制有名。

萬物興作就產生了各種名目（名稱、名義、名分）。

名亦既有，夫亦將知止。

名目已經具有了，也要知道用「名」須有的限制。

知止可以不殆。（第三十二章）

知所當止，就不會產生困殆。

◎ 殆，困殆。困惑危殆。「可」或作「所」。

知止不殆，可以長久。（第四十四章）

知所當止沒有困殆，就可以保持長久。

(3) 以樸鎮欲

「道」常「無為」，而無不為。

「道」是永遠（順任自然）「不妄為」的。但沒有一件事情不是它所為的。

※ 無為，一般解作「不作為」，並非老子本意。試以老子：「為無為」「為而不恃」「為而不有」「為而不爭」「致虛極」「守靜篤」「強行有志」「為學日益，為道日損」等，這些「為」「致」「守」「強行」等，那一項不是「作為」。可見，老子所謂「無為」是「順任自然，不妄為」的意思。

侯王若能守之，萬物將自化。

侯王如果能堅守著它，萬物就會自然而然地化育生長。

化而欲作，將鎮之以無名之樸。（第三十七章）

它們在化生時而貪欲萌作；我就用質樸無名的道來鎮定它。

樸、雖小，天下莫能臣也。（第三十二章）

樸，雖然微小（不可見），天下沒有人能使它成為臣僕。

◎ 臣，猶「臣之」，使它為臣。

無名之樸，夫亦將無欲。

無名的「樸」，（鎮定了它。）那就將不會再有貪欲了。

不欲以靜，天下將自定。（第三十七章）

不起貪欲而能清靜，天下就自然安定了。

(4) 守嗇歸德

治人事天，莫若「嗇」。

治理別人，和治理自己之身，（存養心性）沒有比守「嗇」（愛惜精力）更好的。

◎ 事天，謂存養心性。《韓非子》解老篇：「聰明睿智，天也。……所謂事天者，不極聰明之力，不盡智識之任。苟極盡則費神多……是以嗇之。」譯文從之。

◎ 天，自然也。事天，即「守自然之道」。可備一說。

夫唯「嗇」，是謂早服；

就因為以嗇治國養生，才能早日服膺於「道」。

早服，謂之重積「德」；

早日服膺於「道」，就能厚積其德；

重積德，則無不克；

能厚重地積德，就沒有克服不了的事；

無不克，則莫知其極；

能沒有克服不了的事，就無人能測知你究竟有多高深；

莫知其極，可以有國。

沒有人能測知你的高深，就可擁有國家。

有國之母，可以長久。（第五十九章）

有了治國之母（根本之道），可以保持長久。

以「道」蒞天下，其鬼不神；

用「有國之母的道」（順任自然）來治理天下，鬼怪起不了作用。

◎ 蒞，臨也。河上公注：「居位治天下也。」

◎ 鬼，說文：人所歸為鬼。《禮記》祭法：人死曰鬼。古人常用陰陽二氣來說明治道。鬼、陰之靈；神、陽之靈。

◎神，這裡作「伸」講。借為䰠。《說文》：䰠，神也。蓋鬼靈曰䰠。其鬼不神，猶言其鬼不靈、不祟也。

非其鬼不神，其神不傷人。

不但鬼怪起不了作用，神祇也不傷害人。

◎非，同「匪」。「不但」的意思。下同。

◎不神之「神」解同上。其神之「神」。名詞、神祇也。

非其神不傷人，聖人亦不傷人。

不但神祇不傷害人，有道（順任自然）的人，（與神、鬼合德）也不傷害人。

夫兩不相傷，故德交歸焉。（第六十章）

鬼神和聖人都不傷害人，所以人民相互之間，終歸相安無事了。

◎嚴靈峯謂：五十九章、六十章疑原為一章，因羼入「治大國若烹小鮮」七字（本編第一〇一頁。），後人不察，乃分為兩章。按：「是謂深根固柢，長生久視之道。」句，疑亦為他章錯簡。另續於「死而不亡者壽」（本編第八十頁。）句下，歸之「外生死」節（本編第七十七頁。）內。

(5) 多事滋昏

其政悶悶，其民淳淳；

國家的政令懣跚沉悶（不很精明），人民的風習卻很淳厚樸質。

其政察察，其民缺缺。（第五十八章）

政令嚴明（周詳完備，鉅細無遺），人民的風習就多缺失。

天下多忌諱，而民彌貧；

天下的忌諱越多，人民就越陷於貧困；

民多利器，國家滋昏；

人民感覺統治者權謀太多，國家就越易滋生昏亂；

◎ 多，動詞。以「……」為多。

人多伎巧，奇物滋起；

人民感覺伎巧太多，奇異的事物就越易叢生；

法令滋彰，盜賊多有。

法令規條繁多而明細，竊盜戕賊的事就越會增加。

故聖人云：

所以有「道」（順任自然）的人說：

「我無為而民自化」，

「我『無為』，（順任自然不妄為）人民就自然而然地化育了。

我好靜而民自正；

我喜愛清靜（不躁進盲動），人民就自然而然地安定了。

◎　正，定也。

我無事而民自富；

我安然無事（不興舉擾民），人民就自然而然地富足了。

我無欲而民自樸。」（第五十七章）

我沒有私欲貪求（貴生厚生），人民就自然而然地淳樸了。」

三、為天下渾其心

(1) 以百姓心為心

聖人常無心，以百姓心為心。

有「道」（順任自然）的人經常沒有私心，以百姓的心為心。

◎ 無心，是沒有成見的意思。嚴靈峯認為應作「常無心」。所據為張純一、嚴遵、河上公、王安石諸說及顧歡本、景龍本、羅振玉藏《敦煌唐人密本》均作「無心」。嚴說甚碻。又據《帛書老子》隸本作「恒無心」。篆本殘缺。當從帛書本更正為是。特倒「乙」之。

善者吾善之；不善者吾亦善之，真善。

善良的，我認為是善良的；不善良的，我也認為是善良的。那才是真正的「善」。

◎「真善」，原文作「德善」，按：「德」古作「悳」，與「真」形近而訛。，下文「德信」亦應作「真信」。

◎ 德善，一般以「德」與「得」同，作釋，頗迂曲。

◎ 又按四十一章「質真若渝」（本編第五十二頁。）句，劉師培謂當為「質悳若渝」，「悳」訛作「真」。此則「真」訛作「悳」矣。當改正。

信者吾信之；不信者吾亦信之，真信。

誠信的人，我認為他誠信。不誠信的，也認為他誠信，那才是真正的「信」。

聖人在天下，歙歙（焉），為天下渾其心。

有「道」（順任自然）的人之於天下，收斂自己的意念，幫助天下人使其心歸於渾樸。

◎ 歙歙，收斂的意思。原文脫「焉」字，據王注及傅奕本、司馬光本、李約本、吳澄本、范應元本增補。焉，同「然」。

（百姓皆注其耳目）聖人皆孩之。（第四十九章）

人民都把他們的耳目專注於「聖人」。聖人（順任自然的有道的人），把他們當作天真無邪的嬰孩看待。

◎ 原文無「百姓皆注其耳目」句，王弼注文及蔣錫昌說，其他多本均有此句，據補。

(2) 雌以式天下

載營魄抱一，能無離乎？

經營（攝護）身體，抱持「一」道，能沒有距離嗎？（有譯作「精神和形體合一，能不分離嗎？」）

◎載，猶「夫」，發語詞。

◎營魄，河上公注：「營魄，魂魄也。」《內觀經》曰：「動以營身之謂魂，靜以鎮形之謂魄。」是「營魄」一詞有經營攝護身體之意。

◎抱一，抱持「一道」。

專氣致柔，能嬰兒乎？

專一精氣，以達柔順，能如嬰兒一般嗎？

滌除玄鑑，能無疵乎？

洗滌（拂拭）清除清澈澄明的心鏡，能毫無疵染嗎？

◎玄鑑，原文作玄覽，覽，讀如「鑑」（ㄐㄧㄢˋ）。玄鑑者，內心之光明，為形上之鏡，能照察事物。《帛書老子》隸本正作「監」。監，鑑之本字。據改。

天門開闔，能為雌乎？

感官的開啟閉闔，能不為聲色所惑，作到雌靜伏守嗎？

◎天門，與《荀子》天論所謂的「天官」意思相同，指耳、目、鼻、口、心等感官。《莊子》天運：「其心不以為然者，天門弗開矣。」與本句意義正同。或作「天地、陰陽」解，茲不採。

◎為雌，即守靜的意思。原文作「無雌」，義不可解。據俞樾說，改正。

明白四達，能無知乎？

明智無所不照，能不逞智玩弄心機嗎？

◎無知、知，同「智」。原文作「無為」，據俞樾說，改。

愛民治國，能無為乎？（第十章）

愛護人民，治理國家，能「無為」（順任自然不妄為）而治嗎？

◎無為，原文作「無知」。景龍碑、林希逸本、吳澄本、焦竑本均作「為」。俞樾據景龍碑謂作「無為」其義為優。

按：載營魄抱一，專氣致柔，滌除玄覽，天門開闔，明白四達，本重在講修身工夫，當屬人生論。但其修養目的，在「愛民治國」故就其文句次序加以調整，屬之於「政治論」。

知其雄，守其雌，為天下谿。

知道雄強（剛勁躁動），卻安守雌的弱（柔和清靜），作為天下有容的谿谷（以容納天下）。

為天下谿，常德不離，復歸於嬰兒。

作為天下有容的谿谷，常存不變的「德」，就不會離失，而回歸到嬰兒的天真無邪。

知其白，【守其黑，為天下式。為天下式，常德不忒，復歸於無極。知其榮，】守其辱，為天下谷。

知道光耀（清白亮麗），【卻安於黑黝，做為天下的範式，常存不變的「德」，就不會有差失，而回歸到沒有窮極的境界。知道光耀，】卻安於黷黑（污垢暗昧）為天下的谿谷，

◎「守其黑」至「知其榮」六句二十三字，易順鼎、馬敍倫，高亨皆疑為後人所加。高亨並舉六證以明其塙。說極詳盡。可據以刪去。

◎知其白，守其辱。「白」「辱」對言，與四十一章「大白若辱」（本編第五十一頁。）之「白」「辱」對言。刪去二十三字，於義無損。且《莊子》天下篇引老聃文。亦無此二十三字。

為天下谷，常德乃足，復歸於樸。（第二十八章）

作為天下（有容）的山谷，常存不變的「德」，就可以充足，而回歸到渾然真樸（道）的狀

態。

(3) 樸以長天下

樸散則為器，聖人因之，則為官長。

真樸的「道」擴散成為萬事萬物，有「道」（順任自然）的人，因應運用它，就成為百姓的長官。

◎ 器，物也，指萬物。《易》繫辭傳：「形而上者謂之道，形而下者謂之器。」《莊子》馬蹄篇：「夫殘樸以為器，工匠之罪也。毀道德以為仁義，聖人之過也。」都可作為「器」乃指事物而言的最佳說明。

◎ 因，原文作「用」，據俞樾說，改，義較勝。

故大制不割。（第二十八章）

所以，完善的政治制度，不是割裂的。

◎ 制，成法、制度。大制，就是「大樸」。

故立天子，置三公。

所以設立天子，分置三公（太師、太傅、太保）。

雖有拱璧以先駟馬，不如坐進此「道」。

雖然（在進獻寶物的禮儀上，）先奉上如拱大璧，再奉上用四匹馬駕的車輛，卻不如跪而進獻這個：（「守雌」「歸樸」）的道（作為獻禮。）

◎ 坐，可作「跪」解。朱駿聲《說文通訓定聲》曰：「古席地而坐，膝著席而下其臀曰坐，聳其體曰跪。跪可以言坐。坐不可以言跪也。」

古之所以貴此「道」者，何？

古時候所以重視這個「道」是什麼原因呢？

不曰：「求以得，有罪以免」邪！

不是說：「求就可以得到它（「道」）。（即使）有罪過，也可免除」嗎？

◎ 以，則也，乃也。

故為天下貴！（第六十二章）

所以，它被天下人所貴重！

(4) 柔以騁天下

天下之至柔，馳騁天下之至堅。（第四十三章）

天下最柔輭（如水）的東西，可以超越（勝過）天下最堅硬（如金石）的東西。

◎ 馳騁，形容馬的奔騰。這裡有「超越、勝過」的意思。

人之生也柔弱，其死也堅強；

人活著的時候，身體是柔輭的、纖弱的，死了的時候，就變成僵硬了。

【萬物】草木之生也柔脆，其死也枯槁。

草木生長的時候是柔輭脆嫩的；死了的時候，就變得乾枯了。

◎ 「草木」二字上，原有「萬物」一詞。據傅奕本、嚴遵本、呂惠卿本、吳澄本、焦竑本，刪。

故柔弱者生之徒，堅強者死之徒。

所以柔弱可歸在生存的一類裡面，堅強的可歸在死亡的一類裡面。

◎ 這兩句，為原文之倒（乙）。

是以兵強則不勝，木強則兵。

因此，兵力強大（會恃強）打敗仗，樹木強大反而會遭到砍伐。

◎兵，上「兵」字、名詞，武力。下「兵」字、動詞，砍伐。

◎這兩句，《列子》黃帝篇、《文子》道原篇、《淮南子》原道篇：引老子文，均作「兵強則滅，木強則折。」俞樾等諸家認為於義較長。可資參考。

強大處下，柔弱處上。（第七十六章）

強大的反而居於下（不利）的地利，柔弱的卻處於上（佔優勢）的地位。

天下莫柔弱於水，而攻堅強者莫之能勝。

世間沒有比水更柔弱的東西。但它攻擊堅強的東西，沒有能勝過它的。

其無以易之！（第七十八章）

因為那是沒有任何東西能够替換它的。

柔弱勝剛強，魚不可脫於淵。（第三十六章）

柔弱可以戰勝剛強。魚（依賴柔弱的水而存活，）是不可脫離深淵的。

◎「無以易之」句下，原文有「弱之勝強，柔之勝剛」句，茲簡併「柔弱勝剛強」句。於義無損。

(5) 垢以王天下

上善，若水，水善利萬物而不爭。

上善的人，像水那樣。水善於滋潤萬物，卻不和萬物相爭。

處眾人之所惡，故幾於「道」。（第八章）

流注到大家所厭惡的最低下的地方，所以和「道」（順任自然）差不多。

◎ 惡，音ㄨˋ。討厭。

◎ 幾（ㄐㄧ），接近、差不多的意思。

譬「道」之在天下，猶川谷之於江海。（第三十二章）

打個比方，「道」為天下人所依歸，就如同江海是河川所要流注的地方一樣。

江海之所以能為百谷王者，以其善下之，故能為百谷王。（第六十六章）

江海所以能成為無數河流所歸往的總匯，是因為它善於處在最低下的地位，所以能成為無數河流所歸往之處。

◎ 百谷王：百谷，《說文》：泉出通川為谷。百谷，可作「百川」講。。王，《說文》：天下所

歸往也。百谷王，意即百川之長

是以聖人云：

所以有「道」（順任自然）的人說：

「受國之垢，是為社稷主；受國不祥，是為天下王。」（第七十八章）

「能承受全國的濁垢，才配稱為社會的主人；能承擔全國的患難，才配做國家的君主。」

(6) 下以取（得）天下

大國者、下流，天下之交，天下之牝。

大國，（要像江海那樣，）居於下流。是天下（各小國）的交會處（歸位的滙聚站）。居於天下雌性柔靜的位置。

◎ 大國者下流，傅奕本、范應元本作：「大國者天下之下流。」，高亨謂當作：「治大國者，若居下流。」可資參考。

◎ 下流，是卑下的地方，眾水滙歸處。

◎ 交，交會、交往。這裡有「歸會、歸附」的意思。

牝，常以靜勝牡，以靜為下。

雌，常常以靜定而勝過雄強，因為靜定才能居下。

◎牝、雌，生性柔靜。牡、雄，生性剛強。

◎「以靜為下」句，馬敍倫、嚴靈峯謂，「譣王弼注文，句當作：以其靜，故能為下。」譯文從之。

故大國以下小國，則取小國；

所以大國能對小國謙下，就能取得小國的（歸附）。

小國以下大國，則取大國。

小國能對大國謙下，就可以取得大國（的保護）。

◎兩「以」字，都是「能」的意思。

◎取，得的意思。

故或下以取，或下而取。

所以，一是大國謙下以取得（小國的歸附）。一是小國謙下而取得（大國的保護）。

◎兩「或」字都是代名詞，上「或」字指大國，下「或」子指小國。兩「取」字下，各省畧「小國」「大國」二字。

◎上「以」字和下「而」字，是「互文」，只是換字求句式變化，意思並無不同。

◎按：自「故大國以下至天下之牝」字詞的注、譯，說法頗不一致。余培林所說較勝，茲據之。

大國不過欲兼畜人，小國不過欲入事人。

大國不過要想兼畜小國，小國不過想要入事大國罷了。

◎兼畜，做為保護國的意思。入事，歸附的意思。

夫兩者各得其所欲，大者宜為下。（第六十一章）

這樣，大國小國都可以達到他們的願望。大國尤其應該謙下。

故貴以賤為本，高以下為基。

所以，貴者要認為賤是貴的根本；高的要認為下是高的基礎。

【是以侯王自謂孤、寡不穀】。（第三十九章）

人之所惡，惟孤、寡、不穀，而侯、王以為稱。（第四十二章）

人們所厭惡的，就是孤、寡、不穀，但侯王們卻用來稱呼自己。

◎「高以下為基」句下「是以侯王自謂：孤、寡、不穀」句，顯屬重文，宜刪。

◎侯、王，原文作「王、公」。按《老子》文無作「王公」者，依例當作「侯王」，據傅奕本、范應元本，改。

此非以賤為本邪？非乎？

這不是「貴以賤為根本」嗎？難道不是嗎？

故至【數】譽無譽。（第三十九章）

所以，最高的稱譽是無須誇譽的。

◎原文作「故致數輿無輿」，義不可通。致，為「至」之訛。數，是衍文。兩「輿」字，都是「譽」之訛。高延第說：陸德明《經典釋文》無「輿」字而有「譽」字，並參考《莊子》至樂篇，當改正為「至譽無譽」。茲據刪，改。

◎原文下接「不欲琭琭如玉，落落如石。」句。按原文「不欲」二字，當含：「玉之琭琭」與「石之落落」二事。但譯者依據上文有「高下」、「貴賤」二句，譯作：「不欲像玉那樣少而華美；寧願如石那樣多而且賤。」是在「如玉」下，「落落」上，臆增：轉詞「而」字，似欠妥。如原文「如玉」二字下脫「而」字，自無庸議。茲據鄧潭洲《白話老子》之譯文，將此句改併第七十章「被褐懷玉」句下，屬之本編「導論」第十八頁之末。」

(7) 以有餘奉天下

天之「道」，其猶張弓與？

天「道」（自然法則）不是像拉弓射箭一樣嗎？

高者抑之，下者舉之；

太高了就把它壓低點，太低了就把它抬高些；

有餘者損之，不足者補之。

太多了就減少些，不够呢，就補足它。

天之「道」，損有餘而補不足。

天「道」（自然法則）是減少多餘的，彌補不足的。

人之「道」則不然。

一般人的行為準則，卻不是那樣。

損不足以奉有餘。

偏偏是剝奪那些不足的，用來奉養已是有餘的自己。

孰能有餘以奉天下？唯「有道」者。（第七十七章）

誰能自覺有餘，加以減損，去供給天下不足的人？只有那「有道」（順任自然）的人。

(8) 莫能與爭天下

聖人不積。

「有道」（順任自然）的人，是不積聚什麼東西的。

既已為人，己愈有，既已與人，己愈多。

儘量為他人貢獻，自己會感覺更富有，儘量的給與別人，自己會感覺所得到的越多。

天之「道」，利而不害；

天「道」（自然法則）只會利人利物，卻不會有害處。

聖人之「道」，為而不爭。（第八十一章）

有「道」（順任自然）的人的做法，（是依照自然的法則）做「為（ㄨㄟˋ）人」、「予人」

的事，卻不和人爭奪。

夫唯不爭，故無尤。（第八章）

就因為不和別人爭，所以不會有過失和後悔。

以其不爭，故天下莫能與之爭。（第二十二、六十六章）

因為他不跟別人爭，所以天下沒有人能和他爭。

四、輔萬物之自然

【是以】（聖人）**欲上民，必以言下之；**

因此，「有道」（順任自然）的人，要做人民的領袖，必須心口一致的對他們謙下。

◎ 原文無「聖人」二字，涉下文，據傅奕本及眾本，補。

欲先民，必以身後之。

要做人民的表率，必須把個人的利益，放在他們的後面。

是以聖人處上而民不重，處前而民不害；

因此，「有道」的人，雖居上位（國家元首）但人民不感覺到有沉重的負荷。走在人民的前頭（指揮著），人民不感覺到有什麼損害。

是以天下樂推而不厭。（第六十六章）

因此，天下的人，都樂於推戴他而不會厭棄他。

是以聖人後其身而身先，外其身而身存。

因此，「有道」的人，（於有利可得時）把自己放在後面，反而能贏得愛戴，（在生死存亡關頭，）把自己置於度外，反而能保存自己。

非以其無私邪？故能成其私。（第七章）

不正是由於他不自私嗎？所以，反而能成就他自己。

是以聖人欲不欲，不貴難得之貨；

因此，「有道」的人，要使自己沒有欲求，不珍貴難得的財貨。

學不學，復眾人之所過。

學別人所不學的（無為、不爭），改正眾人（離道失真）的過錯。

以輔萬物之自然，而不敢為。（第六十四章）

用來輔助萬物的自然發展，而不敢任意妄為。

五、盜夸非「道」

民之饑，以其上食稅之多，是以饑。

民間之所以鬧饑荒，都是由於他們的上司（官吏）吞吃賦稅太多，因此才鬧饑荒。

民之難治，以其上之有為，是以難治。

人民之所以難於統治，都是由於他們的上司（官吏）強作妄為，因此才難於統治。

民之輕死，以其上求生之厚，是以輕死。（第七十五章）

人民之所以輕視生命，都是由於他們的上司（官吏）生活享受太豐厚，因此才輕易於冒死犯上。

使我介然有知，行於大道，唯施是畏。

如果說我稍微有所認知，（那就是）行走在大路上，就怕走到邪路上去。

◎ 介然，微小的樣子。

◎ 施，王念孫說：施，讀為「迆」。迆，音（ㄧˊ）。《說文》：「迆，邪行也。」

大道甚夷，而民好徑。

大路是很平坦的，但世人喜歡走小路（不行正道）。

朝甚除，田甚蕪，倉甚虛。

朝廷宮殿，大加粉飾，（使得）農田非常荒蕪，倉儲十分空虛。（鄧潭洲：《白話老子》）

◎ 除，馬敍倫說：「除」借為「污」。污濁不清明的意思。可參考。

服文采，帶利劍，厭飲食，財貨有餘。

（為政的人）卻穿著華麗的官服，佩帶著犀利的寶劍，飽餐著精美的飲食，佔有著花不完的財富。

◎ 厭，音（ㄧㄢ）。同「饜」。飽足的意思。

是謂：盜夸，非「道」也哉！（第五十三章）

這叫做「強盜頭子」，多麼的無道呀！

◎ 夸，《說文》：「夸，奢也。从大、亏聲」。夸，有「大」的意思。盜夸，就是「大盜」、「盜魁」。

六、畏民所畏

民之所畏，不可不畏。（第二十章）

人民所畏懼的，我也不可不畏懼。

民不畏威，則大威至。

人民不畏懼威力（鎮壓），那更大的威力便會降臨到統治者的頭上。

無狎其所居，無厭其所生。

不要狹隘他們的居處，不要壓榨壓迫他們的生存。

◎ 狎，通「狹」，河上公本作「狹」。也就是《說文》的「狹」字，陝隘的意思。「隘」有

「迫」義。

◎ 厭，（ㄧㄚ）同「壓」，壓榨、壓迫。

夫唯不厭，是以不厭。（第七十二章）

就因為不壓迫他們，因此，他們就不厭棄你。

◎ 上「厭」字音（ㄧㄚ）。同「壓」。下「厭」字音（ㄧㄢ）。厭棄、厭惡。

民不畏死，奈何以死懼之？

人民並不怕死，為什麼要用死來使他們畏懼呢？

若使民常畏死，而為奇者，吾得執而殺之，孰敢？

如果使人民經常怕死，而為邪作惡的人，我把他們抓來殺掉，誰還敢（為邪作惡）？

◎ 為奇者，指為邪作惡的人。

常有司殺者殺。

正常情況下，有殺人的官吏去殺人。

夫代司殺者，是代大匠斲。

（如果）代替職司殺人的去殺，就如同代替木匠砍斲木頭。

夫代大匠斲者，希有不傷其手矣。（第七十四章）

（如果）代替木匠去砍斲木頭，很少不砍傷自己的手的。（我要把他們抓起來殺掉，是因為沒有更好的辦法，來阻止那為邪作惡的人呀）

七　棄聖絕智

天地不仁，以萬物為芻狗；

天地是（順任自然）沒有所謂「仁」心的，它把萬物都看作祭祀用的芻狗一般，（任它自生自滅）而不憐惜。

◎ 芻狗，古時祭祀時用草紮成的狗。祭祀前加以裝飾，用完後就丟掉，毫不愛惜。

聖人不仁，以百姓為芻狗（第五章）

「有道」（順任自然）的人，也沒有所謂「仁」心的。他把百姓看作芻狗一般（任憑他們自保自養，自己發展）。

「大道」廢，有仁義；

（順任自然）的「大道」廢棄了，才產生仁義。

智慧出，有大偽；

慧黠巧智產生了，才會有大的詐偽出現。

六親不和，有孝慈；

家庭（父、子、兄、弟、夫、婦）不和睦，才會有孝悌慈愛。

國家昏亂，有忠臣。（第十八章）

國家昏亂了，才會有忠臣。

絕聖棄智，民利百倍；

棄絕（違反自然的）聰明和智巧，人民可以得到百倍的利益。

※　聖，《老子》書中有兩種用法，一是「聖人」的「聖」，指有最高修養境界的人，也就是「能順任自然的人」。一是「自作聰明」的意思。此「絕聖」的「聖」，是指後者。

絕仁棄義，民復孝慈；

棄絕（束縛人性的）仁和義，人民才會恢復孝慈的天性。

絕巧棄利，盜賊無有。

棄絕（引起機心盜心）的奇巧珍品貨利，盜賊就會絕跡。

此三者，以為文。不足，故令有所屬：

這聖智、仁義、巧利三項事物，把它當作文采、文飾（是可以的）。但不足（以治理天下）。所以要（棄絕它，）使得人們有所歸屬、遵循。

見素、抱樸；少私、寡欲；（第十九章）絕學、無憂！（第二十章）

顯現純素，抱持樸質；減少私念，降低慾望；棄絕世俗之學，無憂無慮！

◎ 見，音（ㄒㄧㄢˋ）。同「現」。

八、虛心實腹

古之善為「道」者，非以明民，將以愚之。

古時候善於行「道」（順任自然）的人，不是教人民精明（機智、巧詐），而是要使人民自然守真。

◎ 愚，王弼注：愚謂無智，守其真、順自然。

民之難治，以其智多。

人民之所以難於治理，是因為他們智巧太多了。

故以智治國，國之賊；

所以用智巧去治理國家，是國家的殘害者；

不以智治國，國之福。

不用智巧治理國家，是國家的福祉。

知此兩者，亦稽式。

知道這兩種（用智與不用智）方式（的差別），就是最好的方式與原則。

常知稽式，是謂「玄德」。（第六十五章）

能經常認知這一法則，就是具有最深遠精微的「玄德」。

不尚賢，使民不爭；

不崇尚賢能，使人民（沒有名、位的誘因）不因之而爭奪。

不貴難得之貨，使民不為盜；

不重視難得的財貨，使人民（沒有引發貪慾的誘餌）不會去做盜賊。

不見可欲，使民心不亂。

不顯現可以引起欲求的事物，使人民（純淨真樸）的心靈，不會被惑亂。

是以聖人之治：

因此，「有道」（順任自然）的人，治理天下（是這樣的）：

虛其心，實其腹；弱其志，強其骨。

使他們的心靈虛靜，思想簡單，使他們的肚子填得飽，使他們欲求的心志薄弱，使他們的筋骨（體魄）強健。

常使民無知、無欲。（第三章）

使人經常沒有詐偽的智巧、知識，沒有爭盜的慾念。

◎知、（音ㄓˋ）。同「智」。智巧。也可作「知識」講。

九　小國寡民

小國寡民。

建立國土很小，人民不多的理想國。

使有什佰之器而不用。【雖有甲兵，無所陳之。】

縱使有各種重要裝具，卻不使用。【雖有鎧甲武器，卻沒有機會去作戰。】

◎陳，與「陣」同，作「作戰」解。「陳列」亦通。

◎「雖有甲兵無所陳之」句，馬敍倫、嚴靈峯均疑是注文，誤入經文。可刪。

使民重死而不遠徙。【雖有舟輿，無所乘之。】

使人民重視死亡，不（輕易冒險）向遠處遷徙。【雖有船隻、車輛，卻沒有必要去乘坐。】

◎「雖有舟車，無所乘之」句，同上，為注文誤入經文。可刪。

使人復結繩而用之。

使人民回復到用結繩記事的時代。

甘其食，美其服，安其居，樂其俗。

認為自己的食物很香甜，自己的服裝很漂亮，自己的居處很安適，歡樂地生活在自己的習俗中。

鄰國相望，雞犬之聲相聞；

和相鄰的國家都可以互相看得見，雞鳴犬吠的聲音也可以相互聽得到。

民至老死，不相往來。（第八十章）

人民從出生到老死，都不互相往來。

功成、事遂，百姓皆謂：「我自然」！（第十七章）

事情有成就，凡事都順利。百姓們都說：「我們本來就是這樣自由自在的」！

◎ 自然，自己如此。

十、無為而治

不出戶，知天下；

足不出戶，能知道天下的事情；

不窺牖，知天道。

不探望窗外，能了解自然界變化的規律。

其出彌遠，其知彌少。

出去越遠，知道的越少。

是以聖人不行而知，不見而名，不為而成。（第四十七章）

因此，「有道」（順任自然）的人，不遠行卻能推知天下至理，不窺望卻能明曉自然法則，不妄為卻能有所成就。

太上、不知有之；

最好的時代，人民不知道有領導者的存在。

◎ 不，原文作「下」，據吳澄本、明太祖本、焦竑本、鄧錡本，改。

其次，親而譽之；

次一等的時代，人民親近他，讚美他。

其次，畏之；

再其次的，人民畏懼他；

其次，侮之。（第十七章）

更其次的，人民輕侮他。

使夫智者，不敢為也。

（就這樣）使得那些自作聰明的人，不敢妄為。

為「無為」，則無不治。（第三章）

依循著「無為」（不妄為）的準則去做，就沒有治理不好的事。

吾是以知「無為」之有益。（第四十三章）

我因此知道「無為」的益處。

形下篇（下）　戰爭論

一、不得已而用兵

以正治國，以奇用兵，以無事取天下。（第五十七章）

用貞定的正道治理國家，用奇特智巧的方法用兵作戰，以自然無為、不擾民，來治理天下。

◎ 取，治也。

將欲取天下而為之，吾見其不得已。（第二十九章）

想要治理天下而用「正」用「奇」，我看那是出於不得已。（鄧潭洲譯：打算治理天下而又行有為之法。我看他不可能達到目的。）按：「已」作「矣」也。

二、無為無執

國之利器，不可以示人；（第三十六章）

國家的利器（權柄），是不可以示耀於人的。

◎ 利器，有幾種說法：河上公說是權道，譯文本此。韓非說是賞罰。也有作「聖智仁義巧利」解釋的。可參考。

天下神器，不可為也，（不可執也。）

天下，是神聖的東西，不是多事強為可以得到它的，（也不是可加以把持的。）

◎ 原文無「不可執也」句。據王注及《文子》引老子文及劉師培，易順鼎、馬敘倫等說，增補。

為者敗之，執者失之。（第二十九章）

以強力圖謀得到它的，必定失敗。想加以把持它的，必定會喪失掉。

是以聖人無為故無敗，無執故無失。（第六十四章）

因此，「有道」（順任自然）的人，不妄為，所以不會失敗，不把持，所以不會失掉它。

三、持保三寶

我有三寶，持而保之。

我有三種寶貴的東西，持有它，保全它。

一曰：慈，二曰：儉，三曰：不敢為天下先。

第一種叫做慈愛，第二種叫做儉嗇，第三種叫做不敢走在天下人的前頭（居於領導者、指揮者的地位）。

慈、故能勇；

有慈愛之心，所以能夠產生勇氣；

儉，故能廣；

能儉約守嗇，所以能夠蓄積充裕；

不敢為天下先，故能成器長。

不敢自居是領導者、指揮者，所以能為天下「神器的長官」。

今舍慈且勇，舍儉且廣，舍後且先，死矣！

如果捨棄慈愛，而求勇敢；捨棄儉嗇，而求充裕；捨棄謙讓居後，而求佔先，那是走向死路！

◎ 今，若也，「如果」的意思。

◎ 舍，同「捨」。

◎ 且，將也。將要。

夫慈，以戰則勝，以守則固。

慈愛，（儉，不敢先）用來征戰，就會勝利。用於守衛，就能鞏固。

以慈衛之，天將救之。（第六十七章）

以慈（儉、不敢先）做為護衛的，天也會救助他。

◎ 原文作「天將救之，以慈衛之。」一般認為是倒裝句。為求順適，倒乙之。

◎ 慈，舉一以概其餘，當包含儉與不敢為天下先。故譯文並舉以明之。

勇於敢則殺；勇於不敢則活。

（舍慈、儉、為天下先）果敢的剛強行事，一定是「死」。果敢地柔弱行事，才能存活。

此兩者或利或害！

這敢與不敢兩種行為，一種是有利的，一種是有害的。

天之所惡，孰知其故？

老天所厭惡的，誰知到他是什麼緣故？

是以聖人猶難（知）之。

因此，有「道」（順任自然）的人，也難弄得明白。

◎知，原文脫。有謂係六十三章（本編第七十四頁）之文重出。茲據景龍本、鄧錡、嚴靈峰說，增「知」字。則非重出。

四 繟然善謀

天之道，不爭而善勝；

天地間的自然規律，是不爭卻最易取勝；

不言而善應；

不用言說宣導，卻最易獲得回應；

不召而自來；

不用召喚，卻自然而然地到來。

繟然而善謀。

坦然寬緩地，卻最利於謀劃。

◎ 繟然，坦然，有寬緩的意思。

天道無親，常與善人。（第七十九章）

天道（自然法則）是無偏愛的，但卻經常站在善人一邊。

◎ 親，親近。親近就很少沒有偏私。

◎ 與，類也。許也。

天網恢恢，疏而不失。（第三十三章）

天道張開的羅網（指自然規律的範疇），是寬廣的。雖然稀疏，卻不會有所漏失。

◎ 恢恢，寬大、廣大的樣子。

故不可得而親，不可得而疏；

所以無法和它親近，也無法和它疏遠；

不可得而利，不可得而害；

無法因它而得利，也無法因它而受害

不可得而貴；不可得而賤。

無法因它而致貴，也無法因它而貧賤。

故為天下貴。（第五十六章）

所以才被天下人所貴重。

吾何以知其然哉？以此。（第五十七章）

我憑什麼知道它是這樣的呢？原因就在此。

五　兵凶戰危

天下有道，卻走馬以糞；

國家、政治上軌道時，把善於奔馳的馬，解除牠的作戰任務用來耕種。

◎ 卻，摒除的意思。

◎ 走馬，善馳騁的馬。

◎ 糞，糞田，耕種的意思。

天下無道，戎馬生於郊。（第四十六章）

國家政治不上軌道時，母馬都用來作戰，而在郊野生產小馬。

以「道」佐人主者，不以兵強天下。

用「道」來輔佐君主的人，不憑藉武力逞強於天下。

其事好還。

這種用武力來逞強的事，一定招致報復。

師之所處，荊棘生馬。

凡是經過軍隊駐紮的地方，（妨礙了耕種）就會長滿荊棘。

【大軍之後，必有凶年】。

【大戰過後，（生產減少，疫厲滋生）必定發生凶年。】

◎馬敘倫疑此兩句，是「師之所處，荊棘生焉。」的注文。可刪。

善者果而已，不敢以強取。

善於用兵的人，求得戰果就夠了，不敢用兵來逞強。

◎善者，原文作「善有」。據河上公本、傅奕本、蘇轍本、林希逸本、王道本、焦竑本、及俞樾說，改。

◎果，勝也、濟也。克敵致果，濟世而已的意思。

果而勿矜，果而勿伐，果而勿驕，果而勿強，果而不得已。（第三十章）

克敵致果了，不自高自大，不誇耀，不驕傲，不逞強。克敵致果，原是出於不得已呀！

◎「果而勿強」句，原在「果而不得已」句下。茲倒乙之。

六、勝而不美

夫【佳】兵者，不祥【之器】！【物或惡之，故有道者不處。君子居則貴左，用兵則貴右。兵者不祥之器，非君子之器。】

軍事行動，是不吉祥的。

不得已而用之。

只有在不得已時才使用它。

◎「夫佳兵者」句，據《帛書老子》篆、隸二本，均作「夫兵者」，無「佳」字。則「佳」為衍文。當刪。此「佳」字，王念孫疑是「佳」，古唯、惟、維之本字。嚴靈峰則疑是「用」之訛。二者未塙。當據帛書本，刪。

◎兵，有兩種解釋，一作「武器」講，一作「戰爭」講。以後者義較勝，譯文從之。

◎「之器」二字，為後人拘於「兵者」之「兵」為武器，且下文有「之器」二字，因而臆補。吳澄本、明太祖本、《永樂大典》本，均無此二字，據刪。

◎「不祥之器」句下有「物或惡之，故有道者不處」句，馬敘倫、陳柱、嚴靈峰均謂，係二十四章（本編第六十四頁）錯簡複出。刪。

◎「君子居則貴左，用兵則貴右。兵者不祥之器，非君子之器。」四句，前二句，揆其義，乃是儒者崇禮的一種行為規範，應當不是主張「順應自然，無為而治」的老子所說的話。後二句，大多認為是「兵者不祥之器」句的重複，及其注文：「非君子之器」，混入正文，據劉師培、嚴靈峰說，刪。

◎「不得已而用之」句下，有「恬淡為上」句，與上下文義不相應。據嚴靈峰說，移第六十章（本編第一〇一頁）「治大國若烹小鮮」句下。

勝而不美，而美之者，是樂殺人。

即使是打了勝仗，也不認為是好事而讚美它。如果認為是好事而讚美之，那是樂於殺人。

夫樂殺人者，則不可以得志於天下矣。（第三十一章）

樂於殺人的，就不可能在天下得志的。

【吉事尚左，凶事尚右，偏將軍居左，上將軍居右。言以喪禮處之。殺人之眾，以哀悲泣之。戰勝以喪禮處之】。

注文羼入。語譯，從闕。

◎此處計四十字，譚獻、劉師培、馬敘倫、陳柱、奚侗，易順鼎、嚴靈峰等，均謂係注文羼入。文句亦極鄙陋，非老子本文。總計自「佳」字開始，合此四十字，共刪出七十五字。

※《老子》第三十一章全文，王弼獨未加註。蓋「疑者闕之」也歟！王道首先提出疑問，認為是：「古義疏混入經文者」。

七　哀兵必勝

用兵有言：（第六十九章）

用兵的人曾經說過：

「吾不敢為主而為客，不敢進寸而退尺」。

我不敢採取主動，（輕啟戰端），寧願採取被動；不敢冒進一寸（以取強），寧可退守一尺（而處弱。）

是謂：行無行，攘無臂，執無兵，扔無敵。

這是說：要列陣時好像沒有列陣勢，奮臂時最好是不像在伸出臂膀，要使用兵器時好像沒有拿兵器，要接近敵人時最好是不像接近敵人。

◎　行，音（ㄏㄤˊ）。行列，陣勢。

◎　攘，奮舉的意思。

◎　扔，就也。接近的意思。

禍莫大於輕敵，輕敵幾喪吾寶。

（但是）禍患沒有比輕估敵人的力量更大的了。輕視敵人就幾乎喪失了我的「三寶」（慈、儉、不敢先）。

故抗兵相加，哀者勝矣。（第六十九章）

所以，兩軍對抗勢力相當時，有哀矜警惕之心的一方，必定獲得勝利。

◎ 哀，《說文》：閔也。憐憫的意思。憫生於慈。慈則不忍，不忍必嗇儉而不敢先。

八　不爭之德

善為士者，不武；

善於作將帥的，不逞強耀武；

◎ 士，王弼注：卒之帥也。

善戰者，不怒；

善於作戰的，不輕易憤怒；

善勝敵者，不與；

善於戰勝敵人的，不和敵人直接交鋒。

◎ 不與，王弼注：不與爭也。

善用人者，為之下。

善於用人的，對人謙下。

是謂：用人之力

這叫做善於利用人的能力，

是謂：不爭之「德」。（第六十八章）

這是不和人爭的美「德」；

※ 陳鼓應評介王真《道德經論兵要義述》一書說：「整本書都充滿了濃厚的反戰思想。……掌握了老子『無為』和『不爭』這兩個中心觀念。……力陳爭端的根源與弊害。有謂：『爭城，殺人盈城；爭地，殺人盈野。』又謂：『暴慢必爭，忿至必爭，矜伐必爭，勝尚必爭，專恣必爭。』『爭者、兵戰之源，禍亂之本也。故經中（指《道德經》）首尾重疊，唯以不爭為要。以及『舜何為哉？恭己南面而已。』等……他真不愧是一位古代典型的儒將。

※ 明鍾惺所輯《諸子嫏嬛中節本老子》，以本章（第六十八章）殿全書之末。本編除「是謂配天之極」句列入下文結論中外。全部文句均列此，也可以說是殿全書之末了。

結論

執大象　配天極

執大象，天下往。

能執守「大象無形」的「道」（順任自然），天下的人都嚮往之了。

◎ 往，嚮往。《史記》孔子世家贊：「雖不能至，然心嚮往之。」河上公：「天下萬民移心嚮往之也。」

往而不害，安平太。

天下人移心而嚮往之，就不會有害處，於是天下就太平了。

◎ 安，王引之：安，猶「於是」也。「乃」、「則」的意思。

「道」之出口，淡乎其無味。

不可道的「道」（即指大象無形的道）（如果）出之於口，就淡然沒有味道了。

◎ 「道之出口，淡乎其無味」，「樂與餌，過客止」。句上，各家注釋，均極牽強附會。均不取。並將「樂與餌，過客止。」句改移「天下皆知美之為美。」（本編第八十四頁）句上。

「道之出口，淡乎其無味。」句，仍隸此處。

視之不足見，聽之不足聞，用之不足既。（第三十五章）

看它又看不見，聽它又聽不到，用它卻用不完。

◎ 既，盡。

是謂：配天【古】之極。（第六十八章）

這是最合於「天道」（自然的道理）的極致了。

◎ 配天之極，原文作「配天古之極。」據俞樾、奚侗、嚴靈峰等說，刪去「古」字。

是以聖人處「無為」之事，行「不言」之教。（第二章）

因此，「有道」（順應自然）的人，依循「無為」（不妄為）的準則處理事物，實行「不言」的教化。

「不言」之教，「無為」之益，天下希及之！（第四十三章）

「不言」的教化，「無為」的益處，天下很少比得上的。

人之所教，我亦教之，吾將以為教父。（第四十二章）

聖人所教導的，我也用來教導人，我要把它當作施教的張本。

◎ 教父，河上公注：「父、始也。」《說文》：「父，巨也。」「巨，規巨也。」「教父」，即「教巨」，猶言「教條」也，也就是施教的根本。

附錄（一）

老子旨歸《道德經》新編全文

湘陰　劉執中　編撰

導論　則我者貴

言有宗，事有君。吾言甚易知，甚易行。天下莫能知，莫能行。夫唯無知，是以不我知。知我者希，則我者貴。是以聖人被褐懷玉，（第七十章）（下文概以（第××章）註明原文章次）。不欲琭琭如玉，落落如石（第三十九章）

形上篇　宇宙論　（本體論）

一　「道」之體

(1)　「道」先天地而生

有物混成，先天地生。寂兮，寥兮！獨立不改，周行而不殆。（第二十五章）淵兮！似

萬物之宗。湛兮！似或存。（第四章）可以為天下母。（第二十五章）吾不知誰之子，象帝之先。（第四章）

(2) 「夷」 「希」 「微」

視之不見，名曰「夷」；聽之不聞，名曰「希」；搏之不得，名曰：「微」。此三者，不可致詰，故混而為一。（第十四章）吾不知其名，（強）字之曰：「道」。（第二十五章）

(3) 「精」 「真」 「信」

「道」之為物，唯恍唯惚。（第二十一章）其上不皦，其下不昧。迎之不見其首，隨之不見其後。繩繩不可名，復歸於無物。是謂無狀之狀，無象之象。是謂恍惚。（第十四章）惚兮恍兮，其中有象；恍兮惚兮，其中有物；窈兮冥兮，其中有「精」；其「精」甚「真」，其中有「信」。（第二十一章）「道」隱、無名。夫唯「道」，善貸且成。（第四十一章）

(4) 無—始 有—母

「道」、可道，非「常道」；「名」、可名，非「常名」。「無」、名天地之始；「有」、名萬物之母。故常「無」，欲以觀其妙；常「有」，欲以觀其徼。此兩者，同出而異名，同謂之「玄」。玄之又玄，眾妙之門。（第1章）自今及古，其名不去，以閱眾甫。吾何

以知眾甫之然哉？以此。（第二十一章）

二、「道」之用

(1)「道」生

「道」生一，一生二，二生三，三生萬物。（第四十二章）天下萬物生於有，有生於無。（第四十章）萬物負陰而抱陽，沖氣以為和。（第四十二章）

天地之間，其猶橐籥乎？虛而不屈，動而愈出。（第五章）（出於）無有，入（於）無間，（第四十三章）強為之名曰「大」。（第二十五章）

(2)「道」大

大「道」氾兮：其可左右。（第三十四章）萬物作焉而不為始；（第二章）萬物恃之以生而不辭；功成而不有；衣養萬物而不為主【常無欲】可名於小，萬物歸焉而不為主，可名為大。以其終不自為「大」，故能成其「大」。（第三十四章）天下謂我：「『道』大，似不肖。」夫唯「大」，故似不肖。若肖，久矣，其細也夫！（第六十七章）

(3)「道」反（返、還）

大曰逝，逝曰遠，遠曰反。（第二十五章）反者「道」之動；弱者「道」之用。（第四十章）萬物並作，吾以觀其復。夫物芸芸，各復歸其根。歸根曰「靜」，是謂「復命」。「復命」曰「常」，知「常」曰「明」。不知「常」，妄作凶。知「常」容，容乃公，公乃全，全乃天，天乃「道」。「道」乃久。【沒身不殆。】（第十六章）故「道」大，天大，地大，人亦大。【域中有四大，而人居其一焉】。人法地，地法天，天法「道」，「道」法自然。（第二十五章）

(4)「道」紀

天下有「始」，以為天下「母」。既得其母，以知其子。既知其子，復守其母，沒身不殆。（第五十二章）

谷神不死，是謂「玄牝」。玄牝之門，是謂天地根。綿綿若存，用之不勤。（第六章）執古之「道」，以御今之有。能知古始，是謂「道紀」。（第十四章）

三、「道」即自然

孔德之容，唯「道」是從。（第二十一章）「道」生之，「德」畜之，物形之，勢成之。是以萬物莫不尊「道」而貴「德」。「道」之尊，「德」之貴，夫莫之為而常自然。故「道」

生之，「德」畜之；長之、育之、亭之、毒之、養之、覆之。（第五十一章）生而不有；為而不恃；（第二及五十一章）長而不宰（第五十一章）功成而弗居。夫唯不居，是以不去。（第二章）是謂「玄德」。（第五十一及六十五章）「玄德」深矣！遠矣！與物反矣！然後乃至大順。（第六十五章）

形下篇（上）人生論

一、知、言　行

(1) 知病不病

知不知，上；不知知，病，【夫唯病病。是以不病】聖人不病；以其病病，夫唯病病，是以不病。（第七十一章）

知人者智，自知者明；勝人者有力，自勝者強；知足者富，強行者有志。（第三十三章）

(2) 守中貴言

美言可以示尊，（美）行可以加人（第六十二章）夫輕諾必寡信。（第六十三章）信言

不美，美言不信。（第八十一章）信不足焉，有不信焉。（第十七章）多言數窮，不如守中。（第五章）悠兮其貴言。（第十七章）

(3) 希言、自然

智者不言，言者不智；（第五十六章）善者不辯，辯者不善；知者不博，博者不知。（第八十一章）希言、自然。（第二十三章）

(4) 勤而行之

上士聞「道」，勤而行之。中士聞「道」，若存若亡。下士聞「道」，大笑之。不笑，不足以為「道」！（第四十一章）

二、善為「道」者

古之善為「道」者，微妙玄通，深不可識。夫唯不可識，故強為之容：豫兮！若冬涉川；猶兮！若畏四鄰；儼兮！其若客；煥兮！若冰之釋；敦兮！其若樸；曠兮！其若谷；混兮！其若濁；（第十五章）澹兮！其若海，飂兮！若無止。（第二十章）孰能濁以靜之徐清？孰能安以【久】動之徐生？（第十五章）挫其銳，解其紛，和其光，同其塵，（第四及五十六章）是謂「玄同」。（第五十六章）

三、正言若反

正言若反。（第七十八章）故建言有之：明「道」若昧；進「道」若退；夷「道」若纇；大白若辱；（第四十一章）大辯若訥；大直若屈；（第四十五章）上「德」若谷；廣「德」若不足；建「德」若偷；質「德」若渝。大方無隅；大器晚成；大音希聲；大象無形。（第四十一章）大成若缺，其用不敝；大巧若拙，（其用不屈；）大盈若沖，其用不窮。（第四十五章）

四、利「有」用「無」

(1)「有」、「無」相生。

三十輻，共一轂。當其無，有車之用。埏埴以為器，當其無，有器之用。鑿戶牖以為室，當其無，有室之用。故有之以為利，無之以為用。（第十一章）故有、無相生；難、易相成；長、短相形；高、下相盈；音、聲相和；前、後相隨。（第二章）故物、或行或隨；或歔或吹；或強或羸；或載或隳。（第二十九章）

(2)禍、福相倚

禍兮?福之所倚；福兮?禍之所伏。孰知其極?其無正！正復為奇，善復為妖。人之迷，其日固久。是以聖人方而不割；廉而不劌；直而不肆；光而不耀。（第五十八章）其不欲見

賢，（第七十七章）是謂「襲明」。（第二十七章）

(3) 不欲盈

物壯則老，是謂「不道」。「不道」早已！（第三十章及五十五章）故飄風不終朝，驟雨不終日。孰為此者？天地！天地尚不能久，而況於人乎？（第二十三章）「道」沖、而用之或不盈。（第四章）持而盈之，不如其已。揣而銳之，不可長保。金玉滿堂，莫之能守。富貴而驕，自遺其咎。功成身退，天之道。（第九章）保此「道」者，不欲盈，夫唯不盈，故能蔽「不」、新成。（第十五章）

(4) 不自見

企者不立，跨者不行；自見者不明；自是者不彰；自伐者無功；自矜者不長。其在「道」也，曰：餘食贅形。物或惡之，故有「道」者不處。（第二十四章）不自見故明；不自是故彰；不自伐故有功；不自矜故長（第二十二章）是以聖人自知不自見，自愛不自貴，故出彼取此。（第七十二章）

(5) 知「微明」

（周書曰：）將欲歙之，必固張之。將欲弱之，必固強之。將欲廢之，必固興之。將欲奪

之，必固與之。是謂：「微明」。（第三十六章）

(6) 抱「一」歸「全」

昔之得「一」者：天得「一」以清；地得「一」以寧；神得「一」以靈；谷得「一」以盈；萬物得「一」以生；侯王得「一」以為天下貞。其致之（一也）。天無以清將恐裂；地無以寧將恐發；神無以靈將恐歇；谷無以寧將恐竭；萬物無以生將恐滅；侯王無以貞將恐蹶。（第三十九章）故聖人抱「一」為天下式。（第二十二章）

曲則全，枉則直；窪則盈，敝則新；少則得，多則惑。古之所謂「曲則全」者，豈虛言哉？誠「全」而歸之。（第二十二章）

五、成大

(1) 圖難於易

大？小？多？少？圖難於其易；為大於其細。天下難事，必作於易；天下大事，必作於細。（第六十三章）合抱之木，生於毫末；九層之階，起於累土；千里之行，始於足下。（第六十四章）是以聖人終不為大，故能成其大。（第六十三章）

(2) 慎終如始

多易必多難。是以聖人猶難之，故終無難矣。（第六十三章）其安易持，其未兆易謀；其脆易泮，其微易散。為之於未有，治之於未亂。民之從事，常於幾成而敗之！慎終如始，則無敗事。（第六十四章）

六、無身

(1) 外寵（榮）辱

「寵辱若驚，貴大患若身。」「何謂『寵辱若驚』？寵為上，（辱為下）。得之若驚，失之若驚，是謂『寵辱若驚』」。「何謂『貴大患若身？』吾所以有大患者，為吾有身。及吾無身，吾有何患？」故貴以身為天下，若可寄天下；愛以身為天下，若可託天下（第十三章）

(2) 外死生

出，生；入、死。生之徒，十有三；死之徒，十有三。人之生，動之死地，亦十有三。夫何故？以其生生之厚。蓋聞：「善攝生者：陸行不遇兕虎，入軍不被甲兵。兕無所投其角，虎無所措其爪，兵無所容其刃。夫何故？以其無死地。（第五十章）

天長地久！天地之所以能長且久者，以其不自生，故能長生。（第七章）不失其所者久；

死而不亡者壽。（第三十三章）是謂深根固柢，長生久視之道。（第五十九章）夫唯無以生為者，是賢於貴生。（第七十五章）

(3) 知足之（止）足

名與身孰親？身與貨孰多？得與亡孰病？是故甚愛必大費；多藏必厚亡。（第四十四章）禍莫大於不知足；咎莫大於欲得。（第四十六章）知足不辱，知止不殆。（第四十四章）故知足之（止）足，常足矣。（第四十六章）

七、知和若愚

(1) 知和

含德之厚，此於赤子。毒蟲不螫，猛獸不據，攫鳥不搏。骨弱筋柔而握固；未知牝牡之合而朘作，精之至也。終日號而不嗄，和之至也。知和曰常【知常曰明】，益生曰祥。心使氣曰強。（第五十五章）強梁者不得其死（第四十二章）

(2) 塞兌

樂與餌，過客止。（第三十五章）天下皆知美之為美，斯惡已；皆知善之為善，斯不善已。（第二章）五色令人目盲；五音令人耳聾；五味令人口爽；馳騁田獵，令人心發狂；難得之貨，令人行妨。是以聖人為腹不為目。故去彼取此：（第十二章）為「無為」，事「無事」，味「無味」。（第六十三章）塞其兌，閉其門，終身不勤；開其兌，濟其事，終身不救。見小曰明，守柔曰強。用其光，復歸其明。無遺身殃，是為習常。（第五十二章）

(3) 去甚

為學日益，為「道」日損。損之又損，以至於「無為」。無為而無不為（第四十八章）是以聖人去甚、去奢，去泰。（第二十九章）

(4) 若愚

唯之與阿，相去幾何？善之與惡，相去何若？荒兮其未央哉！眾人熙熙，如享太牢，如春登臺。我獨泊兮其未兆，如嬰兒之未孩。儽儽兮！若無所歸。眾人皆有餘，而我獨若遺。我獨愚人之心也哉！沌沌兮！俗人昭昭，我獨昏昏？俗人察察，我獨悶悶？眾人皆有以，而我獨頑似鄙？我獨異於人，而貴食母。（第二十章）

八、上德不德

上「德」不「德」，是以有「德」。下「德」不失「德」是以無「德」。上「德」無為而無以為；下「德」（無）為而有以為。上「仁」為之而無以為；上「義」為之而有以為；上「禮」為之而莫之應，則攘臂而扔之。故失「道」而後「德」，失「德」而後「仁」，失「仁」而後「義」，失「義」而後「禮」。夫「禮」者忠信之薄，而亂之首。前識者「道」之華，而愚之始。是以大丈夫處其厚，不居其薄；處其實；不居其華。（第三十八章）故從事於「道」者【道者】同於「道」；「德」者同於「德」；失者同於失。同於「道」者，「道」亦樂得之；同於「德」者，「德」亦樂得之；同於失者，失亦樂得之。（第二十三章）

九、善行無跡

(1) 怨德善

和大怨，必有餘怨。（第七十九章）報怨以德！（第六十三章）有德司契，無德司徹。是以聖人執左契而不責於人。

安可以為善？（第七十九章）居善地，心善淵，與善人，言善信，正善治，事善能，動善時。（第八章）善行無轍跡；善言無瑕讁；善數不用籌策。善閉無關楗，而不可開；善結無繩約，而不可解。是以聖人常善救物，故無棄物。（第二十七章）人之不善，何棄之有？（第六十二章）

(2) 貴師愛資

「道」者，萬物之奧。善人之寶，不善人之所保。（第六十二章）故善人者，不善人之師；不善人者，善人之資。不貴其師，不愛其資，雖智大迷。是謂「要妙」。（第二十七章）

十、善建善抱

善建者不拔，善抱者不脫。子孫以祭祀不輟。修之於身，其「德」乃真；修之於家，其「德」乃餘；修之於鄉，其「德」乃長；修之於國，其「德」乃豐；修之於天下，其「德」乃普。故以身觀身，以家觀家，以鄉觀鄉，以國觀國，以天下觀天下。吾何以知天下（之）然哉？以此。（第五十四章）

形下篇（中）政治論

一、以無事取天下

取天下常以無事。及其有事，不足以取天下。（第四十八章）治大國，若烹小鮮。（第六十章）恬澹為上（第三十一章）。

二、清靜為天下正

(1) 致虛　守靜

致虛、極，守靜、篤。（第十六章）重為輕根，靜為躁君。是以聖人終日行，不離靜、重。【雖有榮觀，燕處超然。奈何萬乘之主，而以身輕天下？】輕則失根，躁則失君（第二十六章）靜勝躁，寒勝熱。清靜為天下正。（第四十五章）

(2) 守常知止

「道」常無名。侯王若能守之，萬物將自賓。天地相合以降甘露，民莫之令而自均。始制有名，名亦既有，夫亦將知止。知止可以不殆。（第三十二章）知止不殆，可以長久。（第四十四章）

(3) 以樸鎮欲

「道」常「無為」，而無不為。侯王若能守之，萬物將自化。化而「欲」作，將鎮之以無名之樸。（第三十七章）樸雖小，天下莫能臣也。（第三十二章）無名之樸，夫亦將無欲，不欲以靜，天下將自定。（第三十七章）

(4) 守嗇歸德

治人事天，莫若「嗇」，夫唯「嗇」是謂早服；早服，謂之重積「德」。重積德，則無不克；無不克，則莫知其極；莫知其極，可以有國。有國之母，可以長久。（第五十九章）

以「道」蒞天下，其鬼不神；非其鬼不神，其神不傷人。非其神不傷人，聖人亦不傷人。夫兩不相傷，故德交歸焉。（第六十章）

(5) 多事滋昏

其政悶悶，其民淳淳。其政察察，其民缺缺。（第五十八章）天下多忌諱，而民彌貧；民多利器，國家滋紛；人多技巧，奇物滋起。法令滋彰，盜賊多有。故聖人云：「我無為而民自化；我好靜而民自正；我無事而民自富；我無欲而民自樸。」（第五十七章）

三、為天下渾其心

(1) 以百姓心為心

聖人常無心，以百姓心為心。善者吾善之；不善者吾亦善之，真善。信者吾信之，不信者吾亦信之，真信。聖人在天下，歙歙（焉），為天下渾其心。【百姓皆注其耳目，】聖人皆孩之。（第四十九章）

(2) 雌以式天下

載營魄抱一，能無離乎？專氣致柔，能嬰兒乎？滌除玄鑑，能無疵乎？天門開闔，能為雌乎？明白四達，能無知乎？愛民治國，能無為乎？（第十章）知其雄，守其雌，為天下谿。為天下谿，常德不離，復歸於嬰兒。知其白，【守其黑，為天下式。為天下式，常德不忒，復歸於無極。知其榮。】守其辱，為天下谷。為天下谷，常德乃足，復歸於樸。（第二十八章）

(3) 樸以長天下

樸散則為器，聖人因之，則為官長。故大制不割。（第二十八章）故立天子，置三公。雖有拱璧以先駟馬，不如坐進此「道」。古之所以貴此「道」者，何？不曰：「求以得，有罪以免」邪！故為天下貴！（第六十二章）

(4) 柔以騁天下

天下之至柔，馳騁天下之至堅。（第四十三章）人之生也柔弱，其死也堅強；【萬物】草木之生也柔脆，其死也枯槁。故柔弱者生之徒，堅強者死之徒。是以兵強則不勝，木強則兵。強大處下，柔弱處上（第七十六章）天下莫柔弱於水，而攻堅強者莫之能勝。以其無以易之！（第七十八章）柔弱勝剛強，魚不可脫於淵。（第三十六章）

(5) 垢以王天下

上善若水，水善利萬物而不爭。處眾人之所惡，故幾於「道」（第八章）譬「道」之在天下，猶川谷之於江海。（第三十二章）江海之所以能為百谷王者，以其善下之。故能為百谷王。（第六十六章）是以聖人云：「受國之垢，是為社稷主。受國不祥，是為天下王」。（第七十八章）

(6) 下以取（得）天下

大國者、下流，天下之交，天下之牝。牝、常以靜勝牡，以靜為下。故大國以下小國，則取小國；小國以下大國，則取大國。故或下以取，或下而取。大國不過欲兼畜人，小國不過欲入事人。夫兩者各得其所欲，大者宜為下（第六十一章）故貴以賤為本，高以下為基【是以侯王自謂：孤、寡不穀。】（第三十九章）人之所惡，惟孤、寡、不穀，而侯王以為稱。（第四十二章）此非以賤為本邪？非乎？故至【數】譽無譽。（第三十九章）

(7) 以有餘奉天下

天之「道」，其猶張弓與？高者抑之，下者舉之；有餘者損之，不足者補之。天之「道」，損有餘而補不足。人之「道」則不然。損不足以奉有餘。孰能有餘以奉天下？唯「有

道」者。（第七十七章）

(8) 莫能與爭天下

聖人不積。既已為人、己愈有；既已與人、己愈多。天之「道」，利而不害；聖人之「道」，為而不爭。（第八十一章）夫唯不爭，故無尤。（第八章）以其不爭，故天下莫能與之爭。（第二十二、六十六章）

四、輔萬物之自然

【是以】（聖人）欲上民，必以言下之；欲先民，必以身後之。是以聖人處上而民不重，處前而民不害；是以天下樂推而不厭。（第六十六章）是以聖人後其身而身先，外其身而身存。非以其無私邪？故能成其私。（第七章）是以聖人欲不欲，不貴難得之貨。學不學，以復眾人之所過。以輔萬物之自然，而不敢為。（第六十四章）

五、盜夸非「道」

民之饑，以其上食稅之多，是以饑。民之難治，以其上之有為，是以難治。民之輕死，以其上求生之厚，是以輕死。（第七十五章）使我介然有知，行於大道，唯施是畏。大道甚夷，而民好徑。朝甚除，田甚蕪，倉甚虛。服文采，帶利劍，厭飲食，財貨有餘。是謂盜夸，非

「道」也哉！（第五十三章）

六、畏民所畏

民之所畏，不可不畏。（第二十章）民不畏威，則大威至。無狎其所居，無厭其所生。夫唯不厭，是以不厭。（第七十二章）民不畏死，奈何以死懼之？若使民常畏死，而為奇者，吾得執而殺之！孰敢？常有司殺者殺。夫代司殺者，是代大匠斲。夫代大匠斲者，希有不傷其手矣。（第七十四章）

七、棄聖絕智

天地不仁，以萬物為芻狗；聖人不仁，以百姓為芻狗。（第五章）「大道」廢，有仁義；智慧出，有大偽；六親不和，有孝慈；國家昏亂，有忠臣。（第十八章）絕聖棄智，民利百倍；絕仁棄義，民復孝慈；絕巧棄利，盜賊無有。此三者，以為文。不足，故令有所屬：見素、抱樸；少私、寡欲；（第十九章）絕學、無憂。（第二十章）

八、虛心實腹

古之善為「道」者，非以明民，將以愚之。民之難治，以其智多。故以智治國，國之賊；

不以智治國，國之福。知此兩者，亦稽式。常知稽式，是謂「玄德」。（第六十五章）不尚賢，使民不爭；不貴難得之貨，使民不為盜；不見可欲，使民心不亂。是以聖人之治：虛其心，實其腹；弱其志，強其骨。常使民無知、無欲。（第三章）

九、小國寡民

小國寡民。使有什佰之器而不用。【雖有甲兵，無所陳之。】使民重死而不遠徙，【雖有舟輿，無所乘之。】使人復結繩而用之。甘其食，美其服，安其居，樂其俗。鄰國相望，雞犬之聲相聞；民至老死，不相往來。（第八十章）功成、事遂，百姓皆謂：「我自然」！（第十七章）

十、無為而治

不出戶，知天下；不窺牖，知天道。其出彌遠，其知彌少。是以聖人不行而知，不見而名，不為而成。（第四十七章）太上，不知有之；其次、親而譽之；其次、畏之；其次、侮之。（第十七章）使夫智者，不敢為也。為「無為」，則無不治（第三章）吾是以知「無為」之有益。（第四十三章）

形下篇 （下） 戰爭論

一、不得已而用兵

以正治國，以奇用兵，以無事取天下。（第五十七章）將欲取天下而為之，吾見其不得已。（第二十九章）

二、無為無執

國之利器，不可以示人；（第三十六章）天下神器，不可為也，（不可執也。）為者敗之，執者失之（第二十九章）是以聖人無為故無敗，無執故無失。（第六十四章）

三、持保三寶

我有三寶，持而保之。一曰：慈，二曰：儉，三曰：不敢為天下先。慈、故能勇；儉、故能廣；不敢為天下先，故能成器長。今舍慈且勇，舍儉且廣，舍後且先，死矣！夫慈，以戰則勝，以守則固。以慈衛之，天將救之。（第六十七章）勇於敢則殺；勇於不敢則活。此兩者或利或害。天之所惡，孰知其故？是以聖人猶難（知）之。（第七十三章）

四、繟然善謀

天之道，不爭而善勝；不言而善應；不召而自來；繟然而善謀。（第七十三章）天道無親，常與善人。（第七十九章）天網恢恢，疏而不失。（第七十三章）故不可得而親，不可得而疏；不可得而利，不可得而害，不可得而貴，不可得而賤。故為天下貴。（第五十六章）吾何以知其然哉？以此（第五十七章）

五、兵凶戰危

天下有道，卻走馬以糞；天下無道，戎馬生於郊。（第四十六章）以「道」佐人主者，不以兵強天下。其事好還。師之所處，荊棘生焉。【大軍之後，必有凶年。】善者果而已，不敢以強取。果而勿矜，果而勿伐，果而勿驕，果而勿強，果而不得已。（第三十章）

六、勝而不美

夫【佳】兵者，不祥【之器！物或惡之，故有道者不處，君子居則貴左，用兵則貴右。兵者不祥之器，非君子之器；】不得已而用之。勝而不美，而美之者，是樂殺人。夫樂殺人者，則不可以得志於天下矣。【吉事尚左，凶事尚右。偏將軍居左，上將軍居右。言以喪禮處之。殺人之眾，以哀悲泣之。戰勝，以喪禮處之。】（第三十一章）本章文句，頗多訛誤。【】示

當刪。說詳譯、注。（第一五一至一五三頁）

七、哀兵必勝

用兵有言：「吾不敢為主而為客，不敢進寸而退尺。」是謂：行無行，攘無臂，執無兵，扔無敵。禍莫大於輕敵，輕敵幾喪吾寶。故抗兵相加，哀者勝矣。（第六十九章）

八、不爭之德

善為士者，不武；善戰者，不怒；善勝敵者，不與；善用人者、為之下。是謂：用人之力；是謂：不爭之德！（第六十八章）

結論

執象　配極

執大象，天下往。往而不害，安平太。「道」之出口，淡乎其無味。視之不足見，聽之不足聞，用之不足既。（第三十五章）是謂配天【古】之極。（第六十八章）是以聖人處「無為」之事，行「不言」之教。（第二章）「不言」之教，無為之益、天下希及之；（第四十三

章）人之所教，我亦教之，吾將以為教父。（第四十二章）

（全文完）

附錄（二）

老子列傳　《史記》　司馬遷

老子者楚苦縣厲鄉曲仁里人也。名耳，字聃，姓李氏。周守藏室之史也，孔子適周，將問禮於老子。老子曰：「子所言者，其人與骨皆已朽矣，獨其言在耳，且君子得其時則駕，不得其時則蓬累而行。吾聞之，良賈深藏若虛，君子盛德，容貌若愚，去子之驕氣與多欲，態色與淫志。是皆無益於子之身。吾所以告子，若是而已。孔子去，謂弟子曰：「鳥吾知其能飛，魚吾知其能游，獸吾知其能走。走者可以為网，游者可以為綸，飛者可以為矰。至於龍，吾不能知。其乘風雲而上天。吾今日見老子，其猶龍邪？」老子修道德，其學以自隱無名為務，居周久之，見周之衰，乃遂去。至關，關令尹喜曰：「子將隱矣，強為我著書。」於是老子乃著書上下篇，言道德之意五千餘言而去，莫知其所終。或曰，老萊子亦楚人也，著書十五篇，言道家之用，與孔子同時云。蓋老子百有六十餘歲，或言二百餘歲，以其修道而養壽也。自孔子死之後，百二十九年，而史記周太史儋見秦獻公曰：「始秦與周合而離，離五百歲而後合，合七十歲而霸王者出焉。或曰，儋即老子。或曰，非也，世莫知其然否。老子隱君子也。老子之子名宗，宗為魏將，封於段干。宗子注，注子宮，宮玄孫假，假仕於漢孝文帝，而假之子解，為膠西王卬太傅，因家於齊焉。世之學老子者，則絀儒學，儒學亦絀老子。「道不同不相為謀」，豈謂是邪，李耳無為自化，清靜自正。

附錄（三）

老聃新傳

嚴靈峯

老子者，姓老氏；佚其名。耳漫無輪，世號曰：聃。陳國、相人，後屬楚；故稱楚人。周守藏室之史也。老子修道德，其學以自隱無名為務。居周久之，見周之衰；迺遂去。至關。關尹曰：「子將隱矣，彊為我著書。」於是老子迺著書上、下篇，言道德之意五千餘言而去。莫知其所終。孔子嘗問道於老聃。見老聃而語仁義，曰：「丘治詩、書、禮、樂、易、春秋、六經，自以為久矣；孰知其故矣。以奸者已十二君，論先王之道，明周、召之迹；一君無所鉤用。甚矣夫！人之難說也，道之難明邪！」老子曰：「子所言者，其人與骨皆已朽矣；獨其言在耳。幸矣！子之不遇治世之君也。夫六經，先王之陳迹也，豈所以迹哉，今子之所言，猶迹也。夫迹，履之所出；而迹豈履哉？」「仁、義，先王之蘧廬也，止可以一宿，而不可以久處。夫播穅眯目，則天地四方易位矣；蚊虻噆膚，則通昔不寐矣。夫仁、義憯然，乃憒吾心；亂莫大焉。吾子使天下無失其朴。且君子得其時則駕，不得其時則蓬累而行。吾聞之，良賈深藏若虛；君子盛德，容貌若愚。去子之驕氣與多欲，態色與淫志，是皆無益於子之身；吾所以告子，若是而已。」孔子離去，而老子送之曰：「吾聞富貴者送人以財，仁人者送人以言；

吾不能富貴，竊仁人之號；送子以言曰：『聰明深察而近於死者，好議人者也；博辯廣大而危其身者；發人之惡者也。為人子者毋以有己！為人臣者毋以有己』！」孔子歸，謂弟子，曰：「鳥，吾知其能飛；魚，吾知其能游；獸，吾知其能走；走者，可以為网；游者，可以為綸；飛者，可以為矰；至於龍，吾不能知，其乘風雲而上天。吾今日見老子，其猶龍邪？」老子隱君子也，蓋壽考者；或言：「百六十餘歲」，以其修道而養壽也。「孔子之所嚴事，於周則老子，於楚老萊子」。老萊子亦楚人也，著書十五篇，言道家之用。「老萊子之教孔子事君，示之以齒之堅也，六十而盡，相靡也。」周烈王二年，周太史儋見秦獻公，曰：「始周與秦合而別：別五百載復合；合十七歲而霸、王者出焉。」或曰：「儋即老子。」非也。安釐王時，有李宗者，世以為老子之後，宗為魏將，封於段干。宗子注，注子宮，宮玄孫假，仕於漢孝文帝；而假之子解，為膠西王卬太傅；因家於齊焉。老子「無為自化，清靜自正。」後世之學老子者，則絀儒學；儒學亦絀老子。「道不同，不相為謀；」豈謂是邪？

附錄（四）

《老子選讀》《智慧的老子》附錄（索引）

張起鈞　著

（甲）天道（形上學）

（1）第25章　（2）第4章　（3）第67章　（4）第1章　（5）第14章　（6）第21章

（7）第40章　（8）第42章　（9）第51章　（10）第34章

（乙）世道（社會哲學）

（1）第16章　（2）第41章　（3）第45章　（4）第81章　（5）第77章　（6）第58章

（7）第24章　（8）第9章　（9）第22章　（10）第68章　（11）第8章　（12）第78章

（13）第76章　（14）第43章　（15）第73章　（16）第79章

（丙）人道（人生哲學）

（1）第28章　（2）第33章　（3）第46章　（4）第44章　（5）第12章　（6）第20章

（7）第15章　（8）第55章　（9）第13章

（丁）治道（政治哲學）

（1）第62章 （2）第37章 （3）第48章 （4）第63章 （5）第64章 （6）第29章

（7）第57章 （8）第75章 （9）第74章 （10）第30章 （11）第31章 （12）第65章

（13）第2章 （14）第18章 （15）第38章 （16）第19章 （17）第3章 （18）第53章

（19）第80章 （20）第49章 （21）第52章

（戊）君道（帝王學）

（1）第17章 （2）第72章 （3）第66章 （4）第61章 （5）第7章 （6）第42章

與甲（8）重複。（7）第78章。與乙（12）重複。按：老子原文共（81）章，選（61）章。

餘（20）章未選入。

附錄（五）

參考書目

韓　非　解老　喻老
帛書老子　篆，隸本
淮南子　道應訓
嚴　遵　老子注
河上公　老子道德經
王　弼　老子道德經注
陸德明　老子音義
傅　奕　道德經古本篇
王　真　道德經論兵要義述
顧　歡　道德經注疏
陸希聲　道德真經傳
王安石　老子注
蘇　轍　老子解
李嘉謀　道德真經義解
林希逸　老子口義
范應元　老子道德經古本集註
吳　澄　道德真經注
憨　山　老子道德經解
李　贄　老子解
焦　竑　老子翼
薛　蕙　老子集解
王　道　老子億

歸有光　道德經評點
鍾　惺　老子嫏嬛、老子文歸
王念孫　老子雜志
畢　沅　老子道德經考異
俞　樾　老子平議
魏　源　老子本義
易順鼎　老子札記
劉師培　老子斠補
馬敍倫　覈定老子
奚　侗　老子集解
蔣錫昌　老子校詁
高　亨　老子正詁
陳　柱　老子集訓
嚴靈峯　老子章句新編、老子達解
唐君毅　中國哲學原論
張起鈞　老子研究、老子選讀
余培林　新譯老子讀本
陳鼓應　老子今註今譯、老莊新論
張默生　老子新釋
鄧潭洲　白話老子

國家圖書館出版品預行編目

老子旨歸：言文對照《道德經》新編 / 劉執中編撰.
-- 一版. -- 臺北市 ： 秀威資訊科技, 2004[民93]
面； 公分. --（宗教哲學類：PA0002）
參考書目：面
含索引

ISBN 978-986-7614-53-7（平裝）

1. 老子 - 註釋
121.311 93017609

BOD Books on Demand 哲學宗教類 PA0002

老子旨歸—言文對照《道德經》新編

作　　者 / 劉執中
發 行 人 / 宋政坤
執行編輯 / 李坤城
圖文排版 / 張家禎
封面設計 / 羅季芬
數位轉譯 / 徐真玉　沈裕閔
圖書銷售 / 林怡君
法律顧問 / 毛國樑　律師
出版印製 / 秀威資訊科技股份有限公司
台北市內湖區瑞光路583巷25號1樓
電話：02-2657-9211　傳真：02-2657-9106
E-mail：service@showwe.com.tw
經 銷 商 / 紅螞蟻圖書有限公司
台北市內湖區舊宗路二段121巷28、32號4樓
電話：02-2795-3656　傳真：02-2795-4100
http://www.e-redant.com

2004 年 10 月　BOD一版
2007 年　6 月　BOD二版
定價：230 元

讀　者　回　函　卡

感謝您購買本書，為提升服務品質，煩請填寫以下問卷，收到您的寶貴意見後，我們會仔細收藏記錄並回贈紀念品，謝謝！

1.您購買的書名：______________________________

2.您從何得知本書的消息？

☐網路書店　☐部落格　☐資料庫搜尋　☐書訊　☐電子報　☐書店

☐平面媒體　☐ 朋友推薦　☐網站推薦　☐其他__________

3.您對本書的評價：(請填代號　1.非常滿意 2.滿意 3.尚可 4.再改進)

封面設計____　版面編排____　內容____　文/譯筆____　價格____

4.讀完書後您覺得：

☐很有收獲　☐有收獲　☐收獲不多　☐沒收獲

5.您會推薦本書給朋友嗎？

☐會　☐不會，為什麼？______________________________________

6.其他寶貴的意見：______________________________________

____

____

____

讀者基本資料

姓名：____________________　年齡：______　性別：☐女　☐男

聯絡電話：________________　E-mail：____________________

地址：____

學歷：☐高中(含)以下　☐高中　☐專科學校　☐大學

☐研究所(含)以上　☐其他_______________

職業：☐製造業　☐金融業　☐資訊業　☐軍警　☐傳播業　☐自由業

☐服務業　☐公務員　☐教職　☐學生　☐其他__________

請貼
郵票

To：114

台北市內湖區瑞光路 583 巷 25 號 1 樓

秀威資訊科技股份有限公司　　收

寄件人姓名：

寄件人地址：□□□

(請沿線對摺寄回,謝謝!)

秀威與 BOD

BOD（Books On Demand）是數位出版的大趨勢，秀威資訊率先運用 POD 數位印刷設備來生產書籍，並提供作者全程數位出版服務，致使書籍產銷零庫存，知識傳承不絕版，目前已開闢以下書系：

一、BOD 學術著作—專業論述的閱讀延伸
二、BOD 個人著作—分享生命的心路歷程
三、BOD 旅遊著作—個人深度旅遊文學創作
四、BOD 大陸學者—大陸專業學者學術出版
五、POD 獨家經銷—數位產製的代發行書籍

BOD 秀威網路書店：www.showwe.com.tw
政府出版品網路書店：www.*gov*books.com.tw

永不絕版的故事・自己寫・永不休止的音符・自己唱